U0113392

山东省社科规划项目研究成果（项目批准号：17CTYJ19）

体育文化促进山东半岛融入"一带一路"倡议研究

郑　峰　著

中国海洋大学出版社
·青岛·

图书在版编目（CIP）数据

体育文化促进山东半岛融入"一带一路"倡议研究/郑峰著.--青岛：中国海洋大学出版社，2022.3

ISBN 978-7-5670-3118-0

I. ①体… Ⅱ. ①郑… Ⅲ. ① 体育产业－产业发展－研究－山东 Ⅳ. ① G812.752

中国版本图书馆CIP数据核字（2022）第039343号

出版发行	中国海洋大学出版社
社　　址	青岛市香港东路 23 号　　**邮政编码**　266071
出 版 人	杨立敏
网　　址	http://pub.ouc.edu.cn
电子信箱	1922305382@qq.com
责任编辑	邵成军　　　　　　　　　**电　　话**　0532-85902533
印　　制	日照日报印务中心
版　　次	2022 年 3 月第 1 版
印　　次	2022 年 3 月第 1 次印刷
成品尺寸	170 mm × 240 mm
印　　张	12
字　　数	200 千
印　　数	1～1 000
定　　价	50.00 元

目　录
CONTENTS

　　"一带一路"倡议对我国未来几十年发展有着积极作用,对实现中华民族伟大复兴的中国梦也起着至关重要的作用。文化作为一种中间介质,能更好地加强沿线国家之间的合作与交流。传统体育文化作为文化的一部分,在"一带一路"倡议的背景下也面临着前所未有的机遇与挑战。为顺应时代发展的潮流,应转变传统思想观念,精心挑选传播内容,不断丰富传播媒介,明确传播路径,努力实现中国传统体育文化在沿线国家的传播。

　　"一带一路"倡议是中国改革开放外交实践的最新发展,其提出不仅受到中国传统文化的影响,也是党的十八大报告中中国外交思想的具体化。为更加深入、准确地研究"一带一路"倡议背景下我国体育产业发展体系,本书分别对"一带一路"倡议的提出、内容、意义进行全面阐述分析,进一步巩固"一带一路"倡议的理论基础,提出了山东半岛融入"一带一路"倡议路径。

一、"一带一路"倡议的提出

　　"一带一路"倡议的提出到得以实施存在特定的背景和条件。具体来说,"一带一路"倡议的提出不仅存在一些理论渊源,还受内在原因和外部环境的影响。

（一）"一带一路"倡议的渊源

1. "一带一路"倡议与上海合作组织的渊源

借助经济手段来推进欧亚地区实现协同发展，携手构建安全共同体、责任共同体以及命运共同体，是"一带一路"倡议设想的关键目标。深入剖析可以发现，上海合作组织的"上海精神"彰显出的新安全观、新型国家间关系、新型合作模式和"一带一路"倡议是相互统一的关系。

2. "一带一路"倡议与十八大外交思想的渊源

党的十八大报告指出："合作共赢，就是要倡导人类命运共同体意识，在追求本国利益时兼顾他国合理关切，在谋求本国发展中促进各国共同发展，建立更加平等均衡的新型全球发展伙伴关系，同舟共济，权责共担，增进人类共同利益。"这揭示了我国贯彻执行和平发展道路的外交方针，充分反映了当前世界日益凸显的国际社会共生现象。当前世界与中世纪到近代历史的社会体系以及冷战时期的国际体系有很多不同。在冷战结束以后，世界格局出现了翻天覆地的变化，根据具体时间可将其变化归纳为以下几个方面。

（1）世界从冷战分裂转变为大国合作

分析冷战时期的历史可知，两个超级大国均在引领各自盟友实施争夺，进而使得世界被大体分成两个阵营。冷战时期告终后，虽然国家间的冲突次数有增无减，但常见冲突是地区性冲突和小国间的战争，往往伴随分裂主义、极端主义、恐怖主义等问题。因此，大国间的分歧往往未能演变成直接的武力冲突，少数对抗依旧在理性范围与能够控制的范围内。在双方协调以及多方协调下，大国往往可以在短时间内顺利踏上相互协作的轨道。从整体来说，自冷战时期告终后，大国顺利进入相互合作的长周期。

（2）世界从形式上的合作逐渐转变为利益上的依存

在冷战刚刚结束时，大国间的相互协作常常流于形式，触及根本的内容比较有限。出现这种情况的重要原因是大国未能迅速消除相互间的隔阂，同时各方在欧亚大陆上依旧维持着地缘博弈的大体走向，特别是要妥善处理苏联解体后产生的各方面问题，所以存在竞争多于合作的情况。但是，在全球市场体系持续发展与主权国家市场开放力度持续增大的情况下,各主权国家利益在市场作用下被牢牢捆绑在一起,大国间利益表现出相互交织、相互叠加、相互统一的特点,这造成大国之间在利益方面的依存程度持续提升,最终真正达到了本质上的相互协作。

（3）世界从利益依存到命运攸关

虽然传统安全问题表现出退潮的趋势,但是环境保护、气候问题、黑客问题、恐怖主义、大型灾害等非传统安全问题正在逐步演变成危及各国利益的关键性因素,上述问题最突出的是跨国性和无法预测性。在此类情形下,利益存在依存关系的各方就演变成为命运攸关方,需要全球范围内跨国治理、合理治理、全面治理。各方演变成命运攸关方的重要原因是:各方存在关联的经济利益涉及很多方面且安全利益是共同的,然而这些利益在全球问题的长期作用下表现出不安全性特征。树立命运共同体意识是保障共同利益不被侵害的基础条件。

(二)"一带一路"倡议提出的内在原因

党的十八届三中全会提出:"加快沿边开放步伐,允许沿边重点口岸、边境城市、经济合作区在人员往来、加工物流、旅游等方面实行特殊方式和政策。建立开发性金融机构,加快同周边国家和区域基础设施互联互通建设,推进丝绸之路经济带、21世纪海上丝绸之路建设,形成全方位开放新格局。"所谓的"全方位开放新格局"是相对于以往30多年形成的对外开放格局而言的。自1978年改革开放至今,中国的经济特区、沿海开放城市、沿海经济开放开发区、沿江开放城市、内陆开放城市的全方位开放格局已经形成。但此类开放格局形成的关键是其采用的引进外资以及对外投资、工程承包等中国经济主体"走出去"的常见形式,我国经济对外关联程度从根本上说比较低,即未能完全形成开放型经济体制。由此可见,提升对外开放水平必须积极适应经济全球化的发展趋势,促使对内开放与对外开放相互推动,促使"引进来"和"走出去"有机结合并产生推动作用,对国际国内要素有序流动、资源高效配置、市场深度融合发挥更大的推动力,高效培育参与和引领国际经济合作竞争新优势,最终实现借助开放推动改革进程的目标。

(三)"一带一路"倡议提出的外部环境

"一带一路"倡议的实施与沿线国家的共同努力是不可分割的。尽管这一倡议是中国提出的,但是,它与沿线国家经济发展和现代化都存在着非常紧密的联系,因此提出后得到沿线国家的积极响应。"一带一路"倡议的实施对国际环境有着非常高的要求,而这个外部环境与经济全球化、全球治理和非传统安全威胁治理这三个方面是有着密切联系的。可以说,这三个方面就是促进"一带一路"倡议提出的重要外部因素。

二、"一带一路"倡议的内容

2013年9月7日,习近平主席在哈萨克斯坦纳扎尔巴耶夫大学提出共同建设"丝绸之路经济带"。同年10月3日,习近平主席在印度尼西亚国会演讲时强调中国愿同东盟国家共建"21世纪海上丝绸之路"。党的十八届三中全会报告提出,要加快同周边国家和区域基础设施互联互通建设,推进"丝绸之路经济带""21世纪海上丝绸之路"建设,形成全方位开放新格局。2014年索契冬奥会期间,习近平主席和普京总统就俄罗斯跨欧亚铁路与"丝绸之路经济带"和"21世纪海上丝绸之路"的对接问题达成共识。以上是"一带一路"倡议提出的简要过程。学术界自倡议提出后就展开了全方位讨论,同时对其内容进行了多方面的阐述分析。

"一带一路"倡议是相互联系、彼此通畅的经济发展倡议,首要内容是统筹内部大局和外部大局的重要抓手,最为关键的必然是内部的相互联系、相互沟通。自很早以前开始,我国发展便受很多内部因素的限制,特别是地理方面的自然分割,造成了区域发展失衡。倘若外部达到互联互通的要求,内部依旧存在发展失衡的问题,依旧难以改变我国内部发展的地区二元现象。在内部互联互通的过程中,还需要采取多种手段推进对外的互联互通。我国不仅是陆权国家,还是海权国家,所以一定要立足于海陆两个层面实施对外开放和延伸,力争实现我国外部利益最大化。

在"21世纪海上丝绸之路"的框架下,东部沿海地区的开放主要侧重于"走出去",将很多精力集中在向海外发展、向海洋发展上。一方面要有效拓宽海上权益,另一方面要构建出跨太平洋地区的大经济圈,尤其是要构建亚太自贸区,立足于发展层面和亚太地区各国构建利益共同体,对合作共赢的亚太格局发挥积极作用。在陆上,我国的开放程度还需要进一步扩大,最关键的原因是我国将发展重心置于东部,西部发展相对落后,基础条件有待改善,陆上"走出去"的通道比较少,常见通道只局限于第二亚欧大陆桥、中巴走廊、前往俄罗斯方向的几个通道。而第二亚欧大陆桥深受各方面因素的限制难以发挥应有的作用,中巴走廊则深受巴基斯坦的局势影响,中巴公路在南疆地区又处于地形相对复杂的地段,天气因素影响较大,急需从技术层面解决这些问题,因此基础设施方面的互联互通相当关键。在不断发展的二元现象的影响下,我国市场体制和市场机制同样在东部和西部之间有二元现象,不仅未在国内产生统一市场,同时未能有机统一国内市场和欧亚大陆的国际市场。由此可知,"一带一路"倡议的核心目标之一就是在欧亚大陆上构建一个体制、机制互联互通的大市场,最终构筑一个资金流、技术流、人才流、信息流、货物流互联互通的欧亚合作大格局。

三、"一带一路"倡议的意义

(一)"一带一路"倡议对中国的意义

1. 为中国经济发展打造新引擎

自国际金融危机爆发后,发达国家市场需求大幅度降低,对我国外向型经济产生了不同程度的影响。建设"一带一路"可以形成崭新的欧亚商贸通道以及经济发展带。就现阶段来说,我国已经签署并实施的自由贸易协定有12个,欧亚大陆腹地国家大多处于空白状态。目前,"一带一路"域内国家资源丰富,人口众多,经济增长要素具备很大的潜力,发展速度还在进一步加快,已经存在和我国合作的愿望,所以可以将其定位成拓展全方位对外开放新格局的重点方向。我国可以着重实施基础设施共同开发项目,协力打造产业园区与跨境经济合作区,实现物流、交通基础设施、多式联运等领域互联互通的目标,促使区域生产网络优化。

2. 提出对外开放倡议

自改革开放以来,我国对外开放在很多方面都取得了理想成效,但在地理因素、资源现状、发展基础等因素的限制下,对外开放的整体情况是东快西慢、海强陆弱。"一带一路"倡议将构筑新一轮对外开放的"一体两翼",具体是指加快向西开放的速度,促使内陆沿边地区由对外开放的边缘迈向前沿,构筑东部经济升级的崭新支点,促使沿海地区的外贸结构更加完善,为经济转型升级注入活力,分担资源环境的压力,逐步形成东西联动发展的良好态势。在"一带一路"倡议的引领下,我国应当统筹规划,促使交通基础设施、贸易、投资、能源合作与人民币国际化等领域的开发开放实现同步发展。

3. 以创新模式跳出传统发展路径

从全局来分析,我国整体上已经进入工业化中后期,绝大多数制造业都出现了产能富余的问题,此外,基础设施互联互通和一部分新技术、新产品、新业态、新商业模式的投资机会不断增加,创新融资方式必须达到更高的要求。(王斌,2010)李克强总理强调,推动装备"走出去"和国际产能合作,金融服务要同步跟进。这项举措不但能增加我国外汇储备的利用途径,还能有效打破商业融资方面的很多束缚,对实现人民币国际化有很大的积极作用。未来,我国将会有更多的富余储蓄转变成沿线国家的生产性投资、债券、股权,这是我国凭借国民储蓄方式出现结构性变化的重要象征,同时会对世界各国投资配置方式产生不容忽视的影响。在这种背景下,深化"一带一路"倡议能够有效带动资源配置朝着世界各地不断拓展,把要素禀赋优势逐步升级为对外投资新优势,借助资本输出带动中国全球贸易布局、投资布局、生产布局的重新调整。从全局角度展开分析,这是我国自近现代以来第一次提出以我国为主的洲际开发合作框架,将会对过去西方大国主导的全球发展格局产生有力冲击。

(二)"一带一路"倡议对世界的意义

1. 连接欧亚大陆,形成大西洋和太平洋之外的全球第三条贸易轴心

世界银行统计结果表明,1990—2013 年的全球贸易、外国直接投资年均增速分别为 7.8% 和 9.7%,而"一带一路"沿线 65 个国家(不包括澳大利亚、

新西兰和东帝汶)同期年均增速分别达到 13.1% 和 16.5%;尤其是国际金融危机后的 2010—2013 年,相关国家对外贸易、外资净流入年均增速分别达到 13.9% 和 6.2%,比全球平均水平高出 4.6 和 3.4 个百分点,这将会对全球贸易投资复苏产生很大的带动作用。

2. 构筑新的产业转移梯度

这里所说的新的产业转移梯度是指"新雁阵模式"。20 世纪 60 年代至 20 世纪 80 年代,从日本到"亚洲四小龙",再到东盟国家,东亚通过产业梯度转移,大力发展外向型经济,实现了带动整个地区经济腾飞的"雁阵模式"。结合比较优势,在今后一段时间,我国劳动密集型行业与资本密集型行业将有很大可能转移至"一带一路"沿线国家,对沿线国家产业升级与工业化水平提升产生显著的带动作用,由此顺利构筑出以中国为雁首的"新雁阵模式"。有关数据表明,我国未来十年在"一带一路"沿线国家总投资规模将达到 1.6 万亿美元,占对外投资比重达 70%,将为泛亚和欧亚经济一体化注入强大的推动力。

3. 有利于中亚等全球化落后地区更快地融入国际经济贸易体系,获得更多发展红利

中国凭借新兴大国的优势,能够为经济后进国家提供较高性价比的基础设施建设方案,有效帮助沿线国家突破储蓄缺口对经济起飞的制约,为沿线产能承接国家创造就业机会、开发人力资源、发挥比较优势提供现实性的机遇。由中国首倡的亚洲基础设施投资银行得到区域内外 57 个国家大力响应和支持,注册资本达 1000 亿美元,显示国际社会极为看好亚洲基础设施投资的市场潜力。(王德伟,2011)

4. 使中国与国际经济的对接更加紧密

改革开放后,我国经过长达数十年的快速发展,正处在由吸引外商直接投资过渡为扩大对外直接投资的窗口期,进入"引进来"与"走出去"并重的阶段。2014 年,中国成为世界第二大对外投资国,这充分说明我国未来会在更大范围、更宽领域、更深层次上融入全球经济体系。沿"一带一路"将会构建出一系列相互交织的发展通道,进而促进我国内部各主要经济区块和"一带一路"

沿线国家的联系和整合。

面对世界的发展,"一带一路"倡议要求我们着眼于全球,采取更加积极的态度完成国际国内两个大局的统筹工作,由此更加积极地规划全方位对外开放。

第一章 | "一带一路"倡议背景下我国体育产业发展的理论基础

"一带一路"倡议是由我国提出,其他国家共同参与、共同发展、共同获益的倡议。该倡议为各个国家和地区提供了新的发展机遇。体育产业作为经济发展的重要组成部分,在"一带一路"倡议背景下更应该获得新的发展。体育产业的发展是以一定的理论作为基础的,本章对"一带一路"倡议背景下我国体育产业发展的理论基础进行研究,首先对体育产业的基础知识进行论述,重点对体育市场理论、体育消费理论、体育产业结构理论以及体育产业经营管理理论进行了分析。

第一节　体育产业概述

一、体育产业的概念

对于体育产业的界定,存在很多观点,这些观点都是从不同的思维基点和实用角度来对体育产业的概念作出解释的。目前,我国国内将体育产业及相关的概念界定为"为社会大众提供体育产品和体育服务的活动,以及同这些活动有关的活动的集合"。(柳伯力,李万来,2005)

二、体育产业的分类

国外学者对于体育产业的分类,有以下几种比较具有代表性的观点。第一种,皮兹模式,将体育产业分为体育表演、体育生产和体育推广三个亚类。第二种,米克模式,将体育产业分为体育娱乐、体育产品和体育支持性组织三部分。第三种,苏珊模式,将体育产业分为体育生产和体育支持两个大类。此外,从体育产业发展历史的角度出发,将体育产业分为职业体育、大学体育和业余体育。

国家体育总局发布《体育产业发展"十三五"规划》,将体育产业划分八大重点行业,分别是竞赛表演业、健身休闲业、场馆服务业、体育中介业、体育培训业、体育传媒业、体育用品业和体育彩票业。

三、体育产业结构

所谓体育产业结构是指构成体育产业的各个行业之间的技术经济联系和数量比例关系,它既反映出各个行业之间在技术层面上相互制约、相互依赖的关系,也反映出各类体育资源在各个行业的配置情况以及区域分布情况。体育产业结构主要包括以下几种形态:体育产业的产值结构、体育产业的区域布局结构、体育产业的关联效应结构、体育产业的就业结构和体育产业的供需结构。

第二节　体育市场理论

一、体育市场需求

(一) 体育市场需求的含义

在体育市场中,对于某一种体育商品的需求主要是指在一定时期中消费者在各种可能价格水平下愿意购买这种体育商品的数量。为了更好地理解体育市场需求,需要从以下几个方面进行考虑。

1. 消费者对体育商品的购买欲望是体育市场需求的重要前提

购买欲望是需求的重要前提,消费者对体育商品所表现出来的购买欲望是体育市场需求的重要体现。缺少购买欲望,体育市场需求也就无法存在。由此可见,购买欲望是促使消费者通过购买体育商品来使自身需要得到满足的内在动因,这种购买欲望是否能够顺利实现取决于消费者所具有的支付能力以及体育生产者所能够提供的商品数量。

2. 消费者对体育商品的购买能力是体育市场需求的主要表现

所谓购买能力就是指在体育消费方面人们的支出能力,也就是消费者所具有的经济条件。一般情况下,通过个人可支配收入来对消费者的经济条件进行衡量。在其他条件相同的情况下,可支配收入越多,消费者对于体育商品的需求也就会越大。此外,消费者的购买能力也会受到体育商品价格的影响。

3. 体育市场需求是一种有效需求

有效的体育市场需求是指在体育市场中既有购买的欲望,也具有支付能力的需求,它是对体育市场现实需求情况的反映。所以,有效的体育市场需求是对体育市场变化进行分析并对体育需求趋势加以预测的重要依据,也是体育生产者制订营销策略和经营计划的重要出发点。只具备购买欲望但没有支付能力或者只有支付能力但没有购买欲望的需求都是潜在需求。对于前一种需求来说,它会随着现代社会生产力的发展以及人们生活水平的不断提高逐渐得到转化,成为有效需求;后一种潜在需求则成为体育生产经营者重点开发的对象,即通过制订有效的市场营销策略,如推销、宣传、广告,促使其成为有效的体育需求。只有同时具备购买欲望和支付能力的需求,才是真正的有效需求。此外,对于体育服务产品来说,有效需求也包含了闲暇时间因素。

4. 体育市场需求是一个流量概念

需求是指某一时期内消费者愿意并能够购买的商品数量,它只能以某一特定时期如每月、每季或每年计量,是一种流量。例如,某消费者每月支付用于健身的费用 50 元,每月购买体育用品费用 80 元,每月观看体育比赛的费用 100

元,强调的是在一个月的时间内。

对于某一种体育商品来说,其需求量同其价格之间存在着一种变动关系。在不对其他因素进行考虑的情况下,如果体育商品的价格升高,那么对于这一商品,人们愿意并且能够购买的数量就会减少,也就是需求量会下降,这主要是因为价格的升高会导致一部分人失去购买能力。相反,如果某一体育商品的价格下降,那么人们愿意并且能够购买的数量就会增加,也就是需求量升高,这主要是因为价格的下降会使更多的人具有购买能力。这便是体育市场需求规律,需求量同价格呈反方向变动关系,即一种体育商品的需求量会随着其价格的升高而减少,随着其价格的下降而增加。

(二) 体育商品需求函数与需求曲线

1. 需求函数

对于一种体育商品来说,其需求量和价格之间呈现负相关性,使用函数形式来进行表示,便是体育商品的需求函数,需求量就是价格的函数:$Q_d = f(P)$。在此公式中,P 为体育商品的价格,Q_d 为体育商品的需求量,f 为函数关系。体育商品的需求函数就是指在其他条件不变的情况下,一种体育商品在一定时期内其需求量同其价格之间的关系。

2. 需求曲线

需求函数表示一种体育商品的需求量与商品价格之间存在着对应关系。如果使用数字将某种体育商品的各种价格水平与相对应的对该商品的需求量一一排列出来,便能够获得这一体育商品的需求表。比如,在门票的价格定为 10 元时,其需求量是 700 张;当门票提高到 20 元时,其需求量便会下降到 600 张;在门票的价格为 30 元时,需求量便会下降到 500 张。倘若将每一商品价格所对应的需求量组合作为一个点的坐标,在直角坐标系中描绘相应的各点,然后把这些点用平滑的曲线连接起来便得到了需求曲线 D。需求曲线 D 为一条向右下方倾斜的曲线,需求曲线就是通过采用几何图形来表示商品价格同需求量之间的函数关系。(见图 1-1 和图 1-2)

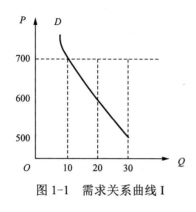

图 1-1　需求关系曲线 I

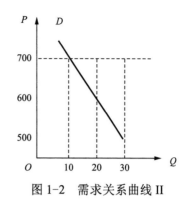

图 1-2　需求关系曲线 II

（三）影响体育市场需求的因素

1. 商品自身的价格

根据需求规律可知,体育商品的价格升高,这种体育商品的市场需求量就会减小。反之,如果体育商品的价格下降,那么其需求量就会增大。在购买体育商品时,消费者往往会遵循"最大效用"原则,即根据自身所掌握的市场信息,使用有限的收入来购买对自己最具有价值的商品。体育商品的需求量随着体育商品自身价格的变化而变化,对于同一种需求,可能会有很多种体育商品来供选择。在其他体育商品价格不变的情况下,如果某一体育商品的价格下降,那么消费者就会购买更多的这种体育商品来替代其他的体育商品,所以这种体育商品的需求量就会增大;反之,其需求量就会减小。体育商品价格的变化给体育商品的需求量所带来的这种影响,称为替代效应。此外,在一定时期中,消费者的收入基本上是固定的。如果某体育商品的价格上升,体育消费者会感到实际收入下降,对这种体育商品的购买行为就会减少,导致这种体育商品的需求量减少;反之,这种体育商品的需求量就会增加。体育商品价格的变化对体育需求量的这种影响,称为收入效应。收入效应和替代效应是同时存在的,使得体育商品的需求量随着自身价格的变化而呈现反方向变化。

2. 消费者的收入水平

就某一体育商品来说,如果消费者的收入水平提高,那么对这种体育商品的需求量就会增加,反之就会减少。通常来说,如果消费者的收入增加,那么他们便会购买更多的此类商品,但也存在例外。一些低档商品,在消费者收入增加时,其需求量就会下降,而在收入减少时,其需求量却会上升。

3. 消费者的偏好

需求量是消费者针对体育商品所希望购买的数量,这必然会受到消费者偏好的制约。当消费者对某种商品的偏好程度增强时,该商品的需求量就会增加。相反,偏好程度减弱,需求量就会减少。对于体育商品特别是体育服务来说,消费者的偏好对市场需求量有着至关重要的影响。

4. 相关商品的价格

一些商品的需求量除了受到自身价格的影响之外,也取决于其他同类商品的价格。某种商品的相关商品可以分为替代品和互补品两种类型。所谓替代品指两种商品在某种程度上存在相似性,也就是在某些方面具有相似或相同的使用价值。通常来说,某一商品的替代品如果价格升高,那么就会因为替代品需求量的下降而造成这一商品需求量的上升,反之亦然。所谓互补品指两种商品之间存在着某种消费依存的关系,也就是一种商品的消费必须同另外一种商品的消费相配套。通常来说,某种商品互补品价格的上升,会因为互补品需求量的下降而造成这一商品需求量的下降。

5. 消费者对商品的价格预期

对于某种商品的价格,当消费者预期在未来时期会上升时,那么这一商品的现期需求量就会增加;当消费者预期在下一时期会下降时,那么这一商品的现期需求量就会减少。一般来说,消费者因为不可能具备完全的知识或信息,他们只能做到预期效果的最大化,特别是在体育消费中,消费者自始至终都将遇到在不确定情形下作出决策的情况。

6. 市场规模与消费者数量

市场规模越大,消费者数量越多,市场需求量就会越大。相反,市场规模越小,消费者数量越少,则市场需求量就会越小。需要注意的是,这里所说的市场规模同市场的大小之间存在着非常密切的关系。所谓市场大小是指市场的边界,这里既指地理边界,也包含了产品的范畴。

7. 其他因素

除了受上述因素影响外,市场需求量还会受到消费意识、个人闲暇时间、国家政策、季节、教育程度、交通工具等因素的影响。

二、体育市场供给

(一) 体育市场供给的含义

体育市场供给是指在一定时期内,在各种可能的价格水平下,生产者愿意并且能够提供出售的体育商品的数量。供给和需求是一组相互对应的概念,理解体育市场供给的含义,需要注意以下几个方面。

1. 满足体育需求是体育市场供给的目的

体育市场需求是体育市场供给的前提条件,也就是说生产者必须以使消费者的需求得到满足作为经营目标,通过建立一套同体育市场需求相适应的体育市场供给体系,以保证向消费者提供满足其需求的、高质量的体育商品。

2. 生产者愿意提供的体育商品是体育市场供给的表现

在体育市场供给中,体育市场需求是其前提条件,而生产者是否愿意提供相应的体育商品则是决定体育市场供给的关键所在,即在价格一定的情况下,生产者愿意提供一定数量的体育商品,并随着商品价格的变动而相应变动。

3. 体育市场供给是生产者能够提供的体育商品

体育市场供给是一种有效供给。如果生产者只是愿意,但不具备供给能力,那么就不能成为有效的供给。由此可见,生产者对体育商品所具有的生产和提供的能力是决定体育市场供给的客观条件。

4. 体育市场供给是一个流量概念

供给是指生产者在某一时期内愿意并能够提供的商品数量,它只能以某一特定时期如每月、每季或每年计量。跟需求一样,供给也是一种流量。

(二) 体育市场供给规律

一种体育商品的供给量与该商品的价格也存在一种变动关系。在不对其他因素进行考虑的情况下,如果一种体育商品的价格升高,那么生产者便会增加该商品的生产数量,也就是供给量增大,以获得更多的利润。相反,如果一种体育商品的价格下降,那么生产者便会减少该商品的数量,也就是供给量下降,这主要是因为价格的下降,会造成利润的下降。这便是供给规律,供给量同价格成正方向变动关系,也就是说,一种商品供给量会随着价格的不断上升而增加,随着价格的不断下降而减少。

(三) 体育市场供给函数与供给曲线

1. 供给函数

体育商品的供给量与价格之间的正相关关系,用函数形式来表示,就是体育商品的供给函数,供给量是价格的函数。在公式 $Q_s = f(P)$ 中,P 为体育商品的价格,Q_s 为体育商品的供给量,f 表示函数关系。体育商品的供给函数是指在其他条件不变的前提下,在一定时期内,一种体育商品的供给量与价格之间的关系。

2. 供给曲线

供给函数 $Q_s = f(P)$ 表示一种体育商品的供给量与商品价格之间存在着对应关系。如果使用数字将某种体育商品的各种价格与各种价格相对应的该商品的供给量一一排列出来,便能够获得这种体育商品的供给表。例如,当体育商品的价格为6元时,其供给量为800单位;当价格降到4元时,其供给量就会减少400单位;如果价格继续下降到2元时,其供给量为0。如果把每一个商品价格—供给量组合作为点的坐标,在直角坐标系中描绘相应的各点,然后把这些点用平滑的曲线连接起来,便得到了供给曲线 S,供给曲线 S 为一条向右上方倾斜的曲线。供给曲线是采用几何图形来将商品的价格与供给量之间的函数关系表示出来。(见图1-3、图1-4和图1-5)

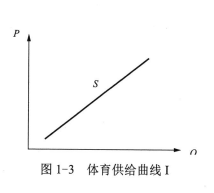

图 1-3 体育供给曲线 I

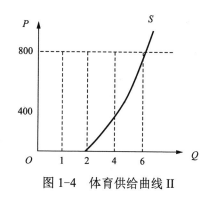

图 1-4 体育供给曲线 II

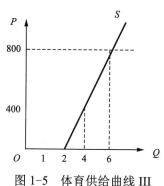

图 1-5 体育供给曲线 III

（四）影响体育市场供给的因素

1. 体育商品自身的价格

如果其他条件不变,某种体育商品的价格上升,那么单位商品所产生的利润就会增加,这既会促使原来的生产者扩大生产,也会吸引其他生产者加入此类商品的生产队伍之中,最终使得这种商品的供给量不断增加;相反,如果商品的价格降低,那么这类商品的供给量就会下降。在商品价格不改变的情况下,生产成本提高,利润就会减少,使得该商品的供给量减少;相反,生产成本下降,利润就会增加,其供给量也会增加。在体育活动中,一些体育项目有很高的投入成本,这也使得它的供给量非常有限。

2. 生产的技术水平

一般情况下,提高生产技术水平,生产成本会随之下降,利润便会增加,此时生产者愿意提供更多的产品,即产品供给量会增加。通过机械制造体育用品的厂商所提供的产量比运用手工制造体育用品的厂商所提供的产量要大。

3. 相关商品的价格

一种体育商品的供给量不仅随着自身的价格变化而变化,而且也会随着一些相关商品价格的变化而变化。相关商品主要有联合副产品和其他相关产品两大类。为了更好地满足人们的精神需求,在体育商品生产过程中也会产生信息、新闻、指定产品、竞赛名称、竞赛标志等副产品。

4. 与体育商品有关的其他商品

与体育商品有关的其他商品,如休闲娱乐产品、文学艺术产品,也属于满足人们精神需求的产品。体育商品的供给量同闲暇商品的供给量达到均衡时,相关商品价格的变化会对体育商品的供给量产生影响,其作用机制就是相关商品的价格提高,所获得的利润也会提高。如果体育商品的价格不定,那么体育商品的生产投资就会减少,供给量就会下降;反之,体育商品的供给量就会增加。

5. 生产者对未来的预期及生产者数量

当生产者看到体育商品的价值在未来会上涨时,这一商品的供给量就会上升;如果生产者对于体育商品未来价格的预期比较悲观,预期其价格会下降,那么在生产计划中,生产者就会减少这种商品的供给。在一般情况下,生产者数量越多,供给量越大;生产者数量越少,供给量越小。

6. 政府的政策因素

在体育商品的供给曲线中,税收、土地征用费等政府政策同样也会产生非常重要的影响。减税或免税、土地征用费打折扣都会促使更多的企业投资体育商品,从而促使体育商品供给量增加。从我国现状看,政府行为与体育商品特别是竞技体育表演的供给量有着极其密切的关系。

7. 其他因素

气候、人口数量、教育水平、相关产业发展状况以及社会经济发展水平等都对体育商品供给量有一定的影响作用。

三、体育市场结构

(一) 体育市场结构的含义

所谓体育市场结构是指体育类企业同市场的关系与特征,其内容主要包含以下几个方面:卖方之间的关系,即各个体育企业之间的关系;买方之间的关系,即消费者之间的关系;买卖双方之间的关系,即体育企业同消费者之间的关系;市场中已有的买方和卖方同正在进入或者可能进入市场的买方和卖方之间的关系。由此可见,体育市场结构是反映体育市场竞争和垄断关系的一种结构。现代体育市场竞争结构是指体育市场竞争的程度,即体育参与者和体育生产经营者数量的多少、体育产品之间的差异程度、体育市场进出的难易程度等。竞争是体育市场存在的条件,不同的竞争程度决定了不同的体育市场结构。市场结构是不同市场势力相互作用的结果,反映了市场中不同企业之间的竞争关系、资源占有关系和交易关系等。

(二) 体育市场结构的类型

1. 完全竞争的体育市场

完全竞争又被称为"纯粹竞争",也就是说市场上不存在任何垄断因素。这种市场结构主要具有以下特点。第一,市场中拥有众多的买者和卖者。在市场总量中,每一个卖者所能够提供的产品数量与每一个买者所购进的产品数量在市场总量中所占的比例非常小,不存在一个买者或卖者能够对市场价格产生非常显著的影响力。市场总供给和总需求共同决定着价格,每一个卖者或买者都是价格的接受者,并不是影响者。第二,市场内每个企业生产的产品几乎是同质的无差异产品,产品之间具有完全的可替代性。因此,如果其中一个企业提高产品价格(无论幅度多大),所有的消费者都会转而购买其他企业的产品,用微观经济学的术语描述就是,该产品的需求价格弹性趋于无穷大。第三,在市场中,无论是新企业进入市场还是原有的企业退出市场都是自由的。也就是说,在该产业预期利润率很高的情况下,就会有很多企业进入其中,而如果产业利润率低于正常水平,企业就会不断退出。第四,所有的卖者和买者都掌握了有关交易的所有信息。信息的完备有助于交易双方进行充分的比较,择优汰劣,促进竞争。此外,完备的信息还能够帮助买卖双方作出最优的决策。

2. 完全垄断的体育市场

同完全竞争相比,完全垄断是另外一个极端的市场结构,也就是只有一个买者或者卖者的市场。完全垄断的市场结构具有以下特点。第一,在市场中只有一个企业对商品进行生产和提供。第二,没有其他商品能够直接替代完全垄断企业所出售的商品,所以它的商品需求交叉弹性为零。第三,其他企业难以进入市场同垄断企业进行竞争。如果某个行业市场的进入壁垒高不可越,它就成了垄断市场。

3. 寡头垄断的体育市场

寡头垄断市场是指少数大企业控制着产业市场大部分产品的供给,它们具有较高的市场份额。这是一种介于完全竞争和完全垄断之间、以垄断因素为主同时具有竞争因素的市场结构。寡头垄断的体育市场结构具有以下特点。第一,少数大企业控制着产业市场,它们所生产和销售的商品在产业总销量和总生产量中占有很高的比例。第二,商品基本同质或者差别较大。主要存在两种情况:一种是几个大企业所提供的商品基本同质,不存在比较大的差别,相互有着很高的依存度;另一种是商品存在比较大的差别,彼此的相关程度比较低。第三,进出市场困难。在产业中,少数大企业在技术、资金、销售规模、产品知名度和美誉度、销售渠道等方面都占据比较大的优势,这使得新企业很难进入行业市场之中抗衡。同时,垄断企业在生产规模和投入资本方面都比较大,这使得企业很难退出市场。

4. 垄断竞争的市场结构

垄断竞争是一种比较接近现实经济状况的市场结构,它介于完全竞争和完全垄断之间,且偏向完全竞争。垄断竞争的市场结构具有以下特点。第一,市场内企业数量较多,因此每个企业的市场占有率较低,没有市场力量。第二,商品有差别。市场内不同企业生产的商品是不"同质"的,它们销售在质量、外观、商标、售后服务和声誉等方面有差异的品牌产品,并且各个企业是它自己品牌的唯一生产者。由于这些商品存在差异,企业能够在一定程度上排斥其他产品,享有一定的定价自主权。不同企业的差别商品之间仍具有较高的替代性。第三,进入和退出容易。新企业带着某种新品牌的产品进入市场和原有企业在它们的产品无利可图时退出市场都比较容易,这一点可以说是垄断竞争和寡头垄断市场的一个很重要的差异。垄断竞争市场内企业的规模都不大,原始投入资本也比较低,因而新企业进入或原有企业退出的资本壁垒和技术壁垒都比较低,寡头垄断市场则与此相反。

第三节　体育消费理论

一、消费行为简述

(一) 消费

所谓消费就是指人们的某种需要通过使用物质资料和劳务(服务)得到满足的行为过程。消费可以分为生产性消费和非生产性消费两大类。

生产性消费是指在生产过程中所发生的物质或精神的支出过程。非生产性消费是指消费者个人生活需要通过使用消费资料及劳务(服务)得到满足的行为和过程,又称生活性消费。它又可以分为生存需要消费、发展需要消费和享受需要消费等。

(二) 消费行为构成要素

通常来说,消费行为主要包含以下因素。

1. 消费主体

消费主体即消费者,指在经济生活中能作出统一的消费决策的单位(个人、家庭)。

2. 消费目的

消费目的即提供各种生产要素,获得相应的收入,并把收入用于消费,消费的目的是为了获得幸福。假定人们在一定时期的欲望既定,故效用越大越幸福。消费者的行为目标也被假定为追求效用最大化。

(三)影响因素

为了对消费者的行为进行完整的理解,需要从以下几个方面进行考虑。首先,要对消费者的偏好进行研究,这主要是因为消费者的偏好在一定程度上制约着其消费行为。其次,对消费者所面临的预算约束进行充分考虑,对于消费行为来说,消费者的收入发挥着至关重要的作用。最后,要将消费者的偏好和预算约束放到一起来对消费者的选择进行测定,也就是说,在了解消费者偏好和有限收入的情况下,预测消费者会购买哪一种组合的商品来获得最大限度的满足。由此可以看出,消费者的消费行为是可以引导的,并且商家可以通过适当调整商品的组合获得较好的结果。欲望是一种缺乏的感觉与求得满足的愿望。不足之感,求足之愿,是一种心理感觉。

1. 欲望是一种缺乏的感觉与求得满足的愿望

人的欲望可以被分为五个层次,分别是生理需要、安全需要、社交需要、尊重需要和自我实现需要。生理需要和安全需要是人的基本需要。社交需要是一种归属和爱的需要,是人希望属于组织并有一席之地,期待获得友谊等,这一需要源于人的社会性。尊重需要表现为人需要有自尊,比如信心、能力、本领、成就、独立与自由,并且需要他人的尊重,比如在社交圈和工作圈中需要在他人那里有威望并被接受、承认和关心,需要有地位、名誉并得到别人的赏识。自我实现需要是人在成长、发展中需要发挥自己的潜在能力。人的欲望是无穷尽且多样的。在消费方面,人类也表现得永无止境。

2. 效用是指从消费某种物品中所得到的满足程度

满足程度越高,效用越大;反之,效用就越小。效用也是一种心理感觉,因人、因时、因地而不同。效用同使用价值是有区别的。效用是一种以主观感受为标准的判断,完全取决于某人对该商品或劳务的主观感受;而使用价值则是要由客观的价值规律来决定的,不能由某一个人主观决定。体育消费是在社会经济获得巨大发展尤其是媒体产业发展的基础上得以逐步形成的。体育消费既是媒体业不断发展而形成的产物,也是促使媒体业不断发展的重要动力。体育消费早已跳出媒体业发展的局限,成为影响经济文化发展的重要因素。

在人们的生活消费中,体育消费是一个重要组成部分,也是现代生活消费中必不可少的一部分。它是人们在理解体育功能价值的基础上,根据自己的需要和条件,在寻求、购买和使用体育产品(服务)的行为过程中对体育消费资料的使用和消耗。体育消费主要可以分为两部分:一是体育行政管理部门的消费,主要是在日常工作、科研和训练中,体育机关、运动队以及体校等体育组织对体育物质资料的消耗;二是一般意义上的居民个人的体育消费,主要是居民为了满足个人生活和健身需要而在体育信息、劳务或物质资料等方面的消耗。从行为学角度讲,体育消费是指一切和参与体育活动有直接或间接联系的个人及其家庭的消费行为,包括购买运动器具、体育服装、体育彩票、体育书报、门票,甚至还包括为参与体育活动或观看体育比赛而支付的交通、住宿、餐饮等费用。从经济学角度讲,体育消费是指人们支付一定货币所购买的体育效用的经济活动,它是体育产业存在的前提和发展动力。作为社会生产力发展到一定阶段的产物,体育消费是人们在物质生活条件满足基本生活需要后作出的一种选择,是一种以对体育功能主观再认识为基础的新型消费类型。此外,体育消费也是人们在完成日常工作以及必要的休息和家务劳动之外的个人消费行为。随着现代社会的飞速发展,人们有了更多的闲暇时间,生活方式也开始向着休闲化的方向转变。在社会各个方面中,体育消费发挥着越来越重要的作用,具有巨大的潜能。

二、体育消费的特征

体育消费具有以下几个特征。

(一) 体育特征

体育消费是指消费者以体育运动作为中心,采用直接或者间接参与的方式进行消费。从参与体育的性质来看,体育消费可以分为主动体育消费和被动体育消费(媒介体育);从消费的层面来看,消费者可以有条件地被分为主动体育消费者和被动体育消费者。主动体育消费是一种更为积极的社会体育行为,带有体育人口的性质。

(二) 经济学特征

体育消费是采用货币交换的方式来进行的。消费者必须付出一定的金钱,才能获得能够满足自身需要的体育用品或体育劳务产品。这就可以从经济学角度考察人们的体育消费行为。

(三) 理性消费特征

人们的体育消费行为是有意识的行为。人们支付的金钱是其可支配收入的一部分,其消费行为是一种理智的和可重复的行为。

(四) 文化特征

文化同体育消费行为有着非常紧密的联系,体育消费与消费者的文化和消费方式有非常紧密的联系,消费方式和消费观念能够反映出不同的文化传统,也是消费者所选择的生活方式的重要组成部分。

三、体育消费的特点

(一) 体育消费的积极性

人们在进行体育消费之后,获得的是心理的愉悦和生理的健康,劳动的动力与精力得到增强,降低了生病的概率,提高了劳动效率。由此,体育消费的积极性也就显而易见了。

(二) 体育消费的同步性

只有在基本生活有了相应的保障之后,人们才会选择进行体育消费,所以只有国民经济不断增长,人们的收入水平有了提高之后,体育消费才会得以增加。由此可见,体育消费同经济增长具有同步性。

(三) 体育消费的非迫切性

体育消费需求具有比较大的弹性。从居民需要的迫切程度来看,对于体育方面的需求,不像维持生存的食品或日常用品等那样不可缺少,也不像教育、医疗卫生那样迫切。体育消费是一种需求弹性较大的消费。而需求价格弹性取决于商品的需要程度、商品的替代性和商品的供求状况等几个因素。

(四) 体育消费的周期性

由于体育消费的类型以及运动项目的流行有一定的周期,所以体育消费也具有了同其类型、运动项目流行周期相对应的周期性。

(五) 体育消费的不均衡性

很多因素都会对体育消费产生影响,在个人生活水平、生活习惯、个人嗜好、时间等因素的影响下,在不同的地区、不同的时间,不同的人对体育服务的需求呈现出不均衡性。同时,城乡、地区、民族等因素也会对其产生影响。此外,时间、项目都会对体育消费产生影响。例如,保龄球馆晚上顾客多,白天顾客少。

(六) 体育消费的发展性

人们在进行体育消费的过程中,对于实物的消费会带动体育服务的消费,最后发展到参与体育消费。任何体育参与者为了实现自己的体育消费目的,都必须在体育活动中购买一定的体育产品和体育服务产品。因此,体育消费具有发展性特征。

(七) 体育消费能力的层次性

消费能力包括一般能力和特殊能力。体育消费属于后者,体育消费对体育消费者所具备的体育知识、能力、技能有较高的要求。

(八) 体育消费的制约性

体育消费是建立在物质消费基础上的第二位消费,其状况受到物质文明发展程度的制约。人们只有首先满足衣、食、用等最基本的物质消费,才能有体育消费。因此,它受经济、市场等条件的制约。

(九) 体育消费时间的延伸性

在物质消费活动中,消费效率的提高表现为时间的节省,而在体育消费中,消费效率的提高则表现为时间的延伸,是与物质消费相反的。体育消费的发展与时间的消耗成正比,也就是说,体育消费水平越高,人们花费的时间越多。

四、体育消费的类型

根据消费者通过支付货币而获得的体育消费品的不同功能,体育消费可分为以下几种。

(一) 参与型体育消费

参与型体育消费是指人们使用货币购买参加体育活动的权利以及享受相应体育服务的消费行为。

(二) 观赏型体育消费

观赏型体育消费是指人们用货币购买各种入场券及门票,以观看和欣赏,达到视觉神经满足和精神愉悦目的的各类消费行为,如观看各种体育竞赛、体育表演。

(三) 实物型体育消费

实物型体育消费是指人们用货币购买各种与体育活动有关的体育物质消费资料的行为。根据物质产品的用途,实物型体育消费主要包括购买运动护具、运动服装、户外休闲运动装备、运动器材、运动饮料、运动食品、体育纪念品以及体育彩票等。

五、体育消费的结构

在体育经济学中,体育消费结构是其重要范畴之一。体育消费结构能够将人们消费的具体内容很好地反映出来,也能够反映人们的消费需要的满足状况,反映消费水平和消费质量。体育消费结构是指在总体体育消费过程中所消费的各种不同类型的体育产品(包括体育劳务)的比例关系。以全社会或家庭为单位总体来看,目前最常用的体育消费结构是人们购买体育服装、体育用品、体育健身休闲、观看赛事门票等方面的消费之间的比例关系。我国体育消费结构的现状是居民的体育实物消费所占的比例远远超过了非实物体育消费;不同地区的体育消费水平以及消费结构存在比较大的差异,东部、南部地区高于西部、北部地区。从消费群体来看,体育消费结构包含了商务消费者和大众消费者之间的比例关系。商务消费者包括赞助商、媒体、政府机关等单位。商务消费者不能直接参与体育产品的消费之中,但通过他们的购买、流通和转换,构成了体育市场的另一个收入来源。大众体育消费者是体育产品的最终用户。在体育市场交换价值中,这些大众体育消费者所产生的观赏性消费支出和参与性消费支出是其重要组成部分。(谢军,2014)

六、体育消费水平

(一)体育消费水平的概念

体育消费水平是指在一定时期内按人口平均实际消费的体育产品数量。它是对体育消费需求的满足程度的反映,也就是说,它是社会生产力以及整个国民经济的综合指标。通常来说,体育消费水平可以使用一定的货币数量来衡量。

(二)居民体育消费水平的影响因素

1. 经济因素

经济因素包括社会经济发展水平和居民人均收入水平。居民人均收入水平越高,居民的体育消费水平也越高。

2. 非经济因素

非经济因素包括闲暇时间、文化程度和心理、习惯、自然因素等。闲暇时间的多少制约着居民的体育消费,体育消费减少,体育消费水平自然就降低了。不同文化程度的居民的体育消费水平之间具有显著差异。居民文化程度越高,其社会地位和经济地位相应也越高。他们一般具有从事体育消费的物质条件,同时对体育消费的价值也有较为深刻的认识。他们不仅认识到了体育的生物学价值,而且体会到体育消费的社会学价值,因而成为体育消费中的主力军。另外,体育消费也是一种带有亚文化性质的消费,自然与人们的文化素养有着密切联系。体育消费水平的高低与居民体育消费的多少有直接关联。而居民的体育消费受其心理、个人习惯以及自然因素的影响,例如,居民个人的偏好直接影响居民是否从事某项运动;自然环境同样具有很强的影响作用,比如在暴风雨天气,居民就不能从事户外的体育运动项目。

(三)衡量体育消费水平的指标

衡量体育消费水平的指标主要包括以下三方面:体育消费总额、参与体育消费的总人口数和体育消费结构。

(四)体育消费水平差异

我国体育消费水平的差异与我国社会的二元结构有直接关系,主要表现为以下几个方面:城乡差异、地区差异和结构差异。地区间的差异非常明显,东部地区居民的体育消费明显高于中部和西部的居民。我国目前居民体育消费以实物型消费为主,体育服务产品的消费明显低于体育物质产品的消费。

(五)体育消费水平结构

目前,我国居民的体育消费水平的结构划分为以下四类。第一类为体育微消费,即全家年平均体育消费额低于50元,占20%。第二类为体育弱消费,即全家年平均体育消费额为50~100元,占25%。第三类为体育旺消费,即全家年平均体育消费额为101~500元,占38%。第四类为体育高消费,即全家年平均体育消费额大于500元,占17%。就社会整体来说,在社会体育消费中,弱消费和旺消费占据主体地位。体育高消费的居民将会达到一定的规模,但这种消费是社会中少数人的消费选择。某些高档体育消费项目或领域在我国得以适当发展能够很好地满足社会中少数先富的居民的体育需求。政府正加大投资力度,促进那些能够满足广大普通居民需求的一般居民体育消费得以优先发展。

七、体育消费心理

(一)体育消费心理的含义

体育消费行为的过程和心理状态是一个发生—发展—完成的过程。要了解体育消费心理,首先要确定什么是消费心理。从整个消费活动来看,消费心理就是消费者对商品或服务的认识过程、情绪过程和意志过程,以及这三个过程的交汇与统一。体育消费心理是指消费心理在整个体育消费行为中的表现,体现在体育消费需求、动机、决策和行为等心理过程中。体育消费心理带有一定的倾向性。人们在购买体育商品或消费劳务的过程中,在心理因素影响下,产生某些消费的心理倾向性。例如,人们普遍存在追求物美价廉、求新求奇、从众等心理倾向。另外,居民体育消费行为的心理现象还必然受到买卖行为主体相互关系的影响。体育消费行为主体居民是消费者和业务员、服务员。他们的相互关系,与社会其他活动领域的行为主体之间的关系相比较也有其特殊性。这是因为居民体育消费者的心理现象在市场领域、体育领域必然会受到市场经济、体育活动的双重制约。研究人们体育消费需求、动机、目的、行为等的心理过程可以进一步了解体育消费心理产生、发展、变化的一般规律,预见人们的消费行为和消费倾向。

(二)体育消费心理分析

1.宏观分析

(1)体育消费者的个性心理特征

体育消费者因气质和性格差异形成了不同的消费群体。体育消费者理性:在购买商品时,体育消费者会根据自身的知识经验和媒体介绍,进一步认识该商品,并考虑自己的实际经济承受能力,从而作出是否购买的判断和分析。体育兴趣:不同的人对不同运动项目的感兴趣程度是不同的,体育兴趣的浓厚与否也直接影响到体育消费者的行为。

（2）体育消费行为心理与体育市场、消费环境的双向关系

消费者的体育消费行为心理和体育营销、体育消费环境存在着双向影响关系。首先，影响消费者体育消费行为心理的因素是多样的，既有社会因素，也有体育商品本身的因素。其次，体育营销活动对体育消费者心理的引导也会对其产生影响。

2. 微观分析

消费需要是消费者对健身、健美等目标的渴求和欲望，是产生体育消费行为的原动力。它形象地反映消费者的生理需要、安全需要、社交需要、尊重需要和自我实现需要。

（1）体育消费者的需要

体育消费者的需要分生理、心理、社会等层面。因此，为激发消费者体育消费，需要创造条件，即体育生理需要产生的生理状态、体育心理需要产生的心理状态和体育社会需要产生的社会环境。

（2）体育消费的行为动机

消费者的体育消费行为出自一定的动机，而动机来自消费者自身的体育需要和外在环境的培养。只有当消费者产生了某种体育需要并且需要获得满足时，才会产生消费动机，并进而转化为消费行为。不同性别、年龄、文化、职业、收入的人的体育消费行为动机有一定的差异。

（3）体育消费目的

体育消费目的是指体育消费行为所要达到的目标，即体育消费的预期目标。我国消费者进行体育消费的目的主要包括健美休闲目的、提高适应能力目的和康复目的。健美休闲目的主要是指消费者为了达到娱乐消遣、健美、健身的目的所进行的体育消费。提高适应能力目的主要是指消费者为了提高自身的交际能力、丰富生活等所进行的体育消费。康复目的是指消费者为了促进健康、恢复机体功能所进行的体育消费。

第四节　体育产业结构理论

一、体育产业结构失衡的表现

体育产业结构失衡是指体育活动中由于各个构成部分之间所形成的质的联系以及量的比例关系的不协调程度不断加剧,对正常的体育经济活动以及可持续发展造成阻碍的现象。体育产业结构失衡主要表现为以下几点,即核心产业发展滞后,区域结构趋同,关联效应不强,有效供需不充足,产业附加值低,区域发展失衡,体育用品层次以及标准化程度低,吸纳就业能力需要得到提高。

二、体育产业结构失衡的原因

对体育产业结构进行调整,之所以未能获得较大的收效,其原因主要在于以下几个方面。

首先,有效需求不足。第一,收入总体水平不高。消费的多少,其背后的决定因素是收入水平的高低。可支配收入不高会对居民的消费造成直接影响。第二,边际消费倾向递减,进一步强化了有效需求不足。所谓边际消费是指在所增加的收入中用于消费的部分所占的比例,也就是说在增加的收入中,增加的消费所占的比例。边际消费倾向受到众多因素的影响,如居民的收入水平、收入结构、生活方式、消费方式、社会保障、消费习惯等因素。第三,体育消费意识较差。第四,缺乏必要的技术支撑。第五,对于闲暇时间的利用不佳。第六,消费空间不充足。

其次,管理体制障碍。管理体制障碍是造成体育产业难以得到良好发展的一个重要原因。管理体制不顺,经营机制不灵活,对体育经营单位采用单一的行政性管理;经营分散,各自为政,追求小而全,缺乏规模效益和整体观念。

其他原因还包括无形资产流失、商业运作水平不高、投融资机制不完善等。

三、体育产业结构优化的目标

体育产业结构优化所要实现的主要目标包括以下几个方面,即体育产业可持续发展,结构合理化,具备核心竞争力,供需动态平衡,区域协调发展。体育产业结构优化的可选路径主要有两种,分别是市场行为和政府行为。下面对这两种路径进行分析。

(一)市场行为

对于现代社会经济运行来说,市场是最基础的调节者,通过价格机制来对资源进行配置,主要是对市场主体的自由竞争进行强调。市场行为所具有的优势主要包括以下几个方面,即市场能够容许专业化生产,在市场信息的基础上来进行工作;市场是唯一没有租值耗散的竞争准则;通过市场来决定出优胜者,是对优胜者予以鼓励的最为有效的制度。

(二)政府行为

对于社会经济运行来说,政府是宏观调控者,通过借助于国家计划来实现体育产品以及体育资源的供给与需求的平衡。政府的宏观调控主要具有以下两点优势,即对于全体成员来说,政府是具有普遍性的组织;同其他经济组织相比,政府具有强制力,如果缺少了政府的干预,市场的有效配置就很难实现。

第五节　体育产业经营管理理论

一、体育产业经营管理的层次

体育产业经营管理是一个多维的、不同层级管理单元互动的综合管理系统,它主要是由体育产业的政府管理、行业协会组织自律性管理以及广大体育企业的自我管理三大部分构成。从其形态上来看,它是一个比较典型的金字塔形。最上层是政府管理,主要包括政府的相关部门,如工商行政管理部门、体育行政管理部门、改革与发展委员会以及公安、司法、规划、税务、生态环境等部门,根据法律和法规从宏观层面上对体育产业的改革与发展加以调控。中间层是行业协会组织自律性管理,主要起到承上启下的作用,它是各种类型的体育市场主体自组织的机构,属于非政府组织,代表了本行业的利益,并根据规程、规章和行业惯例来对本行业进行自律性管理。最下层是体育企业的自我管理,它在整个行业管理中处于基础地位。它是成千上万个体育企业根据自身所处的发展阶段和行规行约,对生产与经营的各个环节进行自我规范,达成企业发展目标的管理行为。

二、体育产业经营管理主体的类型

(一)隶属于政府体育行政部门的产业经营管理主体

在社会主义市场经济的条件下,政府虽然已经明确规定政府行政部门及其公务人员不得从事市场产业经营活动,但由于历史和现实的原因,仍存在隶属于政府体育行政部门的产业经营管理主体,如隶属于政府体育行政部门的体育场馆、体育彩票管理中心。

(二)社会体育组织性质的产业经营管理主体

社会体育组织性质的产业经营管理主体主要是指各类体育协会,如奥委会、各单项体育协会,主要以体育赛事活动为产业经营内容。

(三)体育企业性质的产业经营管理主体

体育企业性质的产业经营管理主体主要是指各类体育企业法人和经济实体,如职业体育俱乐部、体育健身俱乐部。

(四)体育中介性质的产业经营管理主体

体育中介性质的产业经营管理主体主要是指各类从事体育市场中介活动的经济组织,如体育经纪人组织、体育广告公司。

三、体育产业经营管理主体形成的必要条件

体育产业经营管理主体的形成需要具备以下条件,即转变政府职能,实行

政企分开;明晰产权和产业经营权;建立权责明确的法人治理结构;实行科学管理,提高体育企业的管理水平。

四、体育产业经营管理主体的规定性

体育产业经营管理主体的规定性包括以下内容,即产业经营管理主体是具有行为能力的经济组织;追求利润的最大化是产业经营管理的目标,产业经营管理主体具有体育资源配置的功能;产业经营管理主体具有双重身份,它既是体育生产要素的需求者,又是体育商品的供应者。

五、体育产业经营管理的对象

体育产业经营管理是以体育产业部门的整个产业经营管理活动及规律为研究对象的,对体育产业的界定存在着不同的看法。曾经获得原国家体委认可的体育产业主要有以下几个:主体产业、相关产业和体办产业。主体产业包括体育娱乐、休闲、健身、体育表演、运动竞赛、体育彩票、体育咨询、体育培训、体育无形资产的开发等。相关产业包括运动用品、体育器材的开发等。体办产业包括补助体育事业发展的其他经济活动。体育主体产业的产业经营管理活动及其规律是体育产业经营管理要研究的重点。体育产业部门的产业经营管理活动,就是通过有组织的团体活动,将资金、劳动力和生产资料等要素有效结合,实行连续的体育商品的生产、交换和分配,实现体育产业经营的目标。通过研究体育产业经营单位主体行为,揭示可有效实践的体育产业经营管理的原则和方法,是体育产业经营管理的主要任务。

六、体育产业经营管理的目标

体育产业经营管理的目标是指体育产业经营单位在一定时期内,其产业经营活动所要达到的目的,也就是体育产业经营单位期望达到的某种理想,通常情况下可以使用数量、时间、数字或项目来表示。第一,目标可对产业经营的成效进行衡量。第二,目标可以对合理分配体育产业经营单位资源进行指导。第三,目标可以促使员工的积极性和潜在力量得到充分激发。第四,目标可以为体育产业经营单位创造出良好的声誉。体育产业经营单位的目标可以分为经济目标与社会目标。在体育产业经营中,经济目标主要指为促使体育产业经营单位的经济效益得以顺利实现所制定的目标;社会目标指为履行体育产业经营单位所要承担的社会责任而制定的目标。从整体上来看,社会目标能够很好地促进经济目标的实现。(夏正清,2011)

第二章 "一带一路"倡议背景下我国体育产业发展的现实基础

当前,我国体育产业尽管存在着一定的不足,但在"一带一路"倡议的带动下,已经取得了一定的发展成效,这是毋庸置疑的。需要强调的是,我国体育产业的发展,与其深厚的现实基础有着密切的联系。具体来说,这些现实基础涉及的内容较为广泛。本章主要对"一带一路"倡议背景下我国各地体育产业发展的优势、新常态的界定以及我国经济发展的新常态、国内外体育产业的发展状况等内容加以分析和研究。

第一节 "一带一路"倡议背景下我国各地体育产业发展的优势

"一带一路"倡议作为我国下一阶段对外开放和对外经济合作的总纲领,涉及全国各地。全国各地应按照国家"一带一路"建设的总体蓝图,将各自优势充分发挥出来,抓住"一带一路"建设的发展机遇,对国内区域经济协同发展起到积极的促进作用,使东中西互动合作进一步加强,积极主动"走出去",全面提升开放型经济水平。下面就对不同地区体育产业发展的优势加以分析和阐述。

一、西北、东北地区体育产业发展的优势

西北、东北地区包含新疆、陕西、甘肃、宁夏、内蒙古、青海、黑龙江、吉林、辽宁,每一个地区都有其特点和优势。下面就对几个典型地区的特点和优势加以分析。

(一)新疆的特点与优势

新疆是"丝绸之路经济带"的核心建设区,在"一带一路"建设中的区位优势是非常显著的。新疆有着丰富的资源、辽阔的地域、众多的口岸,与中亚、南亚、西亚经贸合作交流基础良好并持续深化发展。为了进一步推进"一带一路"建设,新疆需要加快建设向西开放基础设施的互联互通,建设面向中亚、南亚、西亚和欧洲的大通道,加大沿边开放力度;积极建设中巴经济走廊,使国际现代物流业发展速度进一步加快,区域性国际营销网络逐渐趋于完善,使跨境电子商务得到进一步发展,对亚欧现代物流网络一体化发展起到积极的推动作用,形成"丝绸之路经济带"上重要的交通枢纽、商贸物流和文化科教中心。

(二)陕西的特点与优势

陕西不仅是古丝绸之路的起点,同时还是文化交流、贸易往来的中心。陕西地处中国东西接合地带,在统筹东中西区域协调发展和向西开放过程中具有特殊的重要地位。陕西的产业优势主要在装备制造、能源化工、科技教育等方面。建设成为"丝绸之路经济带"的核心区域,建设综合交通枢纽中心、国际商贸物流中心、科教文化旅游中心、能源金融中心、经贸合作中心,打造"丝绸之路经济带"新起点和内陆型改革开放新高地,是西安的目标所在。成为具有历史文化特色的国际化大都市、欧亚合作前沿城市、开放型体制机制创新城市,是西安未来的建设目标。

(三)宁夏的特点与优势

宁夏的优势主要表现在三个方面,即区位优势、现代农业优势和人文交流优势。宁夏要以国家"一带一路"倡议为引领,进一步打造"丝绸之路经济带"发展支点;以宁夏内陆开放型经济试验区为平台,将银川综合保税区建设好,用

好用足中阿博览会"金字招牌",着力实施四项行动计划,使陆上、网上、空中丝绸之路的建设速度进一步加快;实施开放通道拓展计划,建设一批铁路、公路项目,把银川河东国际机场打造成面向阿拉伯国家的门户机场。

(四) 内蒙古的特点与优势

独特的区位优势对内蒙古在"一带一路"四条线路之一的中蒙俄经济走廊中举足轻重的地位起到了决定性作用。俄蒙两国与内蒙古相邻地区有着非常丰富的资源,这就在一定程度上为加强双方合作开发提供了客观基础。利用内蒙古矿业、林业、农业、畜牧业生产和技术比较优势,加强与俄蒙矿业、林业、农业、畜牧业的开发合作,有着非常广阔的前景。

(五) 黑龙江的特点与优势

通过国家"一带一路"倡议的贯彻实施,黑龙江进一步加快中蒙俄经济走廊的建设速度,可使对俄全方位交流合作进一步加强;同时,加大铁路、公路、口岸等互联互通及电子口岸建设力度,推动跨境通关、港口和运输便利化,借助俄远东港口开展陆海联运,使与俄远东毗邻地区省州长合作交流机制更加完善,加快对俄进出口加工基地和境内外产业园区建设,将跨境产业链条成功打造出来。除此之外,黑龙江还要积极参与俄远东地区矿产资源、工业产业链、农业生产和深加工、金融、物流、跨境电子商务等领域的合作开发。

(六) 吉林的特点与优势

吉林是东北亚丝绸之路的源头和起点,也是"一带一路"的重要支点,支撑着中蒙俄经济走廊的构成和发展。吉林要深入实施长吉图开发开放先导区构想,主动融入国家"一带一路"建设。

二、西南地区体育产业发展的优势

西南地区主要包含广西、云南和西藏三个地区,每一个地区都有着各自的特点和优势。

（一）广西的特点与优势

广西地处我国大陆东、中、西三个地带的交汇点和华南、中南、西南三个经济圈与东盟经济圈接合部,这一区域位置决定了广西不仅要在我国东中西联动开放发展中发挥重要作用,而且要在我国西南、中南地区开放发展中发挥新的发展支点作用。广西要充分发挥作为西南与中南地区出海大通道和中国—东盟国际大通道、交流大桥梁、合作大平台的作用,以北部湾经济区和珠江—西江经济带为发展核心,以面向东盟和粤港澳台开放为发展重点,以中国—东盟国际大通道和中国（南宁）—新加坡经济走廊为发展主轴,以泛北部湾经济合作和广西—云南面向东盟沿边开放带为发展前沿,以西南、中南地区为发展后方,实施以开放为主导的跨越式发展构想,把广西建设成为中国西南与中南地区开放发展新的构想支点、"21 世纪海上丝绸之路"新门户新枢纽、中国—东盟合作高地,形成"21 世纪海上丝绸之路"与"丝绸之路经济带"有机衔接的重要门户。

（二）云南的特点与优势

云南是古丝绸之路的重要组成部分,在"一带一路"倡议推进过程中,有着不可替代的地缘区位等优势。云南要立足于在"一带一路"倡议中对南亚、东南亚的辐射,加快连接周边国家基础设施建设,加强与周边国家交通基础设施和运输体系的对接与沟通;积极参与孟中印缅经济走廊、大湄公河次区域经济合作,使滇印、滇缅合作以及同越北、老北合作机制进一步完善;积极参与打造中国—东盟自贸区升级版,使云南与周边国家的多边、双边合作水平得到稳定的提升,对境外替代产业规范发展起到积极的促进作用;为国家总体外交大局提供良好的服务,将高层互访和会谈达成的相关共识落实好,开辟周边人文科技环保合作新领域;通过将侨务资源优势充分发挥出来,使公共外交和民间外交对全省发展的服务能力得到进一步的提升。

（三）西藏的特点与优势

"一带一路"倡议在很大程度上拉动了西藏经济的发展,为西藏的发展带来了前所未有的机遇。立体交通网络的建立,对西藏交通跨越式发展起到了推动作用。加快完善口岸建设,开展边境贸易,积极参与孟中印缅经济走廊建设,对环喜马拉雅经济合作带建设起到了积极的推动作用。旅游基础设施建设项目的投入和国家旅游发展基金支持力度要进一步加大,将对口援藏省市大型国有骨干旅游企业的积极作用充分发挥出来,从而将西藏打造成世界级旅游胜地。

三、沿海和港澳台地区体育产业发展的优势

沿海地区包含福建、广东、浙江、江苏、上海、北京、天津、河北、山东、海南等地区,再加上港澳台,构成了狭长的发展地带。这一地区的优势也是较为独特的,下面就对几个有代表性的地区的特点与优势加以分析和阐述。

(一) 福建的特点与优势

福建与东南亚、中亚、中东等地区联系紧密,在融入"一带一路"建设、加强对外交流与合作方面具有历史渊源久远、人文关系密切、海洋文化底蕴深厚、产业互补性明显等独特优势。福建"一带一路"建设的重点方向是东南亚。福建将加快建设厦门东南国际航运中心,重点推进厦门新机场建设,增开至东南亚、南亚等地的国际航线等;重点建设快速铁路,加快建设高速公路;突出基础设施互联互通、经贸合作和人文交流,推进中国—东盟海上合作基金项目、远洋渔业基地建设;进一步做好华侨特别是新生代华侨工作,以服务经济建设为主线提升外事贡献率。

(二) 浙江的特点与优势

浙江外贸优势明显,是"一带一路"的新源头和新起点,其优势主要在地缘、人缘方面得到体现。浙江要加快推进海洋经济发展示范区和舟山群岛新区建设,强化对"一带一路"沿线地区的服务和支撑作用,将浙江在"一带一路"规划中陆海统筹、东西互济的关键门户和发展地位确定下来;深入推进宁波—舟山港一体化,深化与"一带一路"沿线地区港口、口岸的合作,完善海陆联动的集疏运网络,发展海铁联运、海河联运、江海联运,加快形成"陆连中西部、海接东南亚、空跨中东欧、网联全丝路"的"一带一路"海陆联运枢纽;稳步推进

"义新欧"中欧班列运行常态化;优化浙江产业和企业在"一带一路"的沿线布局,鼓励有条件的浙江企业大胆"走出去",在"一带一路"主要节点和港口共建产业园区,扩大与沿线国家的经贸合作领域和规模,形成国际区域分工协作的产业布局。

(三)上海的特点与优势

上海是"一带一路"的重要节点,其优势主要在市场、产业、金融和制度等方面得到体现。上海在国际经济和区域经济合作机制方面发挥着"领头羊"和"排头兵"的作用。在"四个中心"和自贸区建设的基础上,上海在资源、投资、贸易和金融等方面的制度建设和创新上有着非常宝贵的经验。

(四)天津的特点与优势

作为北方最大的港口,天津港具有区位、政策、产业、服务等要素叠加的综合优势。天津港的经济腹地以北京、华北、西北等地区为主,处于京津城市带和环渤海经济圈的交汇点上,占据海运、铁路和空运的枢纽地位。作为"一路"节点,天津能够直接延伸到哈萨克斯坦、土库曼斯坦、蒙古国等国家。在"一带"铁路运输方面,天津有着非常独特的优势。国内只有天津同时拥有四条铁路通往欧洲陆桥港口。京津冀协同发展构想将对三地的功能定位、产业分工、城市布局、设施配套、综合交通体系等方面进行合理规划,天津国际港口城市和北方经济中心的地位将会得到进一步的提升。天津在"丝绸之路经济带"交汇点的支撑优势更加突出,这对于北京和河北的金融、物流等相关功能向天津聚集是非常有利的;天津与北京、河北紧密协同,能够使辐射带动中西部的能力得到进一步增强,突出天津特色,在服务京津冀协同发展和"一带一路"倡议、发展实体经济、壮大融资租赁业等方面实现更大突破。

(五)山东的特点与优势

山东地处我国东部沿海,是黄河流域最便捷的出海通道,是东北亚经济圈的重要组成部分,是"一带一路"海上发展支点和新亚欧大陆桥经济走廊的重要沿线地区。山东要将对外工程承包能力较强的优势充分发挥出来,对企业到沿线国家扩大对外工程承包业务,参与沿线国家基础设施建设起到积极的促进作用;引导传统优势产业和装备制造业到"一带一路"沿线国家投资,对优势企业在全球布局产业链条起到促进作用;将海洋经济和海洋科技综合实力强的优势充分发挥出来,推进与沿线国家在港口建设与海洋航运、海洋渔业、临港产业、海洋生态保护、海洋防灾减灾、海洋科技与人才教育等方面的合作,将山东建设成为我国与沿线国家的海洋经济合作示范区和海陆统筹发展试验区;突出抓好青岛、烟台、日照、济南等节点城市、支点城市建设,把这些城市打造成改革开放高地、开放型经济高地,使其在山东融入"一带一路"建设中发挥重要支撑作用。

(六) 海南的特点与优势

海南的地理区位条件是非常独特且优越的,海南的优势主要从国家政策、外交平台、侨务资源、经济特区、国际旅游岛等方面得到体现。海南要建设"岛上海南""海上海南",推动国际旅游岛建设迈向更高水平,建设世界级的旅游目的地;通过积极参与泛北部湾经济圈、泛珠三角区域合作,深化琼港澳台交流,全面融入中国—东盟自贸区,打造"21世纪海上丝绸之路"桥头堡,为进一步促进南海周边国家和地区共同开发,深化海上经贸合作提供重要的构想支点。

(七) 港澳台的特点与优势

1. 香港的特点与优势

作为国际化大都市,香港也是国际化的金融中心、贸易中心、航运中心、信息中心,东盟是香港的第二大贸易合作伙伴。香港的优势主要体现在国际贸易与物流上,香港不仅是连接内地与海外的重要中转点,也是"21世纪海上丝绸之路"的重要节点。香港宜构建以香港为基地的全球融资体系,通过加强与"一带一路"区内沿线国家、区外国家的业务联动,通过与日本、韩国等东亚市场合作,以产业合作和贸易往来提升人民币作为区域贸易结算货币的地位,为俄罗斯、中亚等新兴市场提供项目融资。

2. 澳门的特点与优势

澳门的优势主要从语言、人才、资金方面得到体现,可协助中国企业拓展葡语国家市场。"一带一路"倡议也将为其建设世界旅游休闲中心、中国与葡语国家商贸合作服务平台提供强大推力,这对于澳门实现经济适度多元化的目标是有所助益的。澳门宜通过与葡语国家的联系优势的利用,将连接中国内地与各葡语国家间的平台、纽带和桥梁作用充分发挥出来,将推进与横琴、南沙两个自贸区片区对接作为重点。

3. 台湾的特点与优势

台湾的优势主要是其地理优势,具体来说,其位于"21世纪海上丝绸之路"起始的要冲地带,既可以和海峡对岸的福建自贸区建立区域合作伙伴关系,也可以深度连接珠三角和长三角,并在此过程中与大陆携手共同开拓国际市场。两岸经济可优势互补,协调发展,合作共赢,有着巨大的发展潜力。

四、内陆地区体育产业发展的优势

我国内陆地区主要是指重庆、四川、贵州、湖北、湖南、江西、安徽、河南、山西这几个省市。这些省市都存在着自身的特点和体育产业发展的优势,下面就对其中的几个典型加以分析和阐述。

(一)重庆的特点与优势

重庆处于"丝绸之路经济带"、中国—中南半岛经济走廊(连接"21世纪海上丝绸之路")与长江经济带"Y"字形大通道的联结点上,具有承东启西、连接南北的独特区位优势,是"丝绸之路经济带"的重要发展支点、长江经济带的西部中心枢纽、"21世纪海上丝绸之路"的产业腹地。重庆宜加快建设长江上游综合交通枢纽,着力打造内陆开放高地,着力增强发展支点、集聚辐射功能,着力培育特色优势产业集群,着力推进城市群建设,着力构筑长江上游生态安全屏障。重庆将进一步强化长江上游航运中心功能和国家物流中心枢纽功能,建设以云计算为支撑的国际信息港和西部通信枢纽。在区域合作方面,重庆将与川、黔、鄂等地合力打造沿江承接产业转移高地,培育形成具有国际水平的产业集群;面向德国、俄罗斯及中东欧加强高端装备、新能源、新材料等领域的合作,引导重庆及周边汽摩、化工、材料、能源等优势企业面向南亚和东南亚拓展。

(二) 湖北的特点与优势

作为长江经济带的中心地区,湖北有着非常显著的地理区位优势,具体来说,主要表现为向西与"丝绸之路经济带"、向东与"21世纪海上丝绸之路"双向对接,承东启西、连接南北。同时,湖北的交通运输、邮电通信等基础设施日臻完善,有着非常显著的产业体系优势。湖北主动对接长三角、珠三角、京津冀地区,承接制造业和劳动密集型服务业转移。

(三) 江西的特点与优势

江西也具有独特的独立区位优势,具体来说,江西毗邻长江三角洲、珠江三角洲,是依托长江建设中国经济新支撑带和促进中部崛起的重要省份,具有承东启西、连接南北的重要地位和作用。江西宜促进交通网络互联互通,对接"汉新欧""渝新欧"等中欧国际铁路班列,扩大江西至宁波、厦门、深圳铁海联运,拓展连接"一带一路"陆运和海运通道;把江西建设成为连接"一带一路"内陆构想通道、内陆开放合作高地、生态文明国际合作重要平台;将江西资源丰富、生态优良的优势充分利用起来,同时,也将绿色食品、工艺技术、文化创意、新能源新材料、生态健康旅游、劳务输出等优势充分发挥出来,将优势产业作为向"一带一路"倡议相关国家和地区开放的重要突破口,坚持"引进来",更要"走出去",使江西优势产业抢占全球价值链的中高端,成为"一带一路"倡议的产业支点。

(四) 河南的特点与优势

河南的地理优势主要表现为处于连东接西、承南接北的位置,交通发达,拥有铁路双"十"字和"米"字形高铁网,高速公路通车里程多年居全国首位,郑州航空港成为全国首个上升为国家构想的航空港经济发展先行区。除此之外,河南还有着灿烂的文化,是中华文明的重要发祥地,与沿线国家开展文化旅游交流具有坚实的基础。

(五) 山西的特点与优势

山西的地理区位优势主要表现为山西是新亚欧大陆桥经济走廊的重要区域,与河南、京津冀等发达省市以及陕西、内蒙古两个"一带一路"倡议重要省份相邻,处于重要的经济枢纽位置。另外,山西在煤炭开采、机械设备制造、高铁设备制造等方面也处于领先地位。山西启动太原铁路口岸建设,对大同航空口岸正式开放、设立运城航空临时口岸都起到积极的推动作用,对在太原、大同、临汾建设"无水港"进行了积极的探索,走出资源型地区和内陆省份可持续发展的新路子的速度进一步加快。

第二节　新常态的界定与我国经济发展的新常态

一、新常态的界定

近年来,在讨论全球金融危机以来的国内外经济发展格局时,新常态被越来越多的人所应用;其他如经济发展的新阶段、新时期、新秩序等概念,表达的意思也与新常态相似。作为近年来重要的经济术语,新常态最早是由美国太平洋基金管理公司总裁埃里安提出的,之后在不同领域都得到一定的应用,所引申出的含义也有所差别。从其表面上来看,所谓的"新",意味着有别于旧质,而"常",则意味着相对稳定。由此可以得知,新常态就是不同于以往的、相对稳定的状态。新常态是在与旧常态作对比中产生的。尽管新常态在不同领域所引申出的含义不同,但在宏观经济领域被西方舆论普遍形容为在出现经济增长率降低、失业率增高、金融风险攀升等危机之后,经济逐步复苏的过程。新常态在国内外的缘起及其表达的含义并不完全一致。在国际上,新常态最初是与经济衰退联系在一起的。在中国,新常态则与中国经济转型升级的新阶段密切相连。由此可以得知,新常态概念在国内和国外基本上是相对独立形成的。全球经济的新常态,实际上就是从危机开始,以探索全球经济发展新路径为主要内容的恢复过程。全球新常态的特征主要表现在以下方面:第一,经济增长低水平波动;第二,各国经济恢复陷入"去杠杆"和"修复资产负债表"两难境地;第三,贸易保护主义盛行;第四,主要国家的政策周期非同步;第五,全球出现治理真空。

中国的新常态更应该看作是习近平总书记的创造性转化:包含着经济朝向

形态更高级、分工更复杂、结构更合理的阶段演化的积极的内容。由此可以看出,全球新常态与中国新常态的经济基础是相同的。国内外的经济学家、政治家和商界领袖们都清醒地认识到,自2008年全球金融危机以后,全球经济的发展,包括构成全球的各个国家的经济发展,自然也包括中国在内,均进入了一个新的发展时期,但它们之间也存在着非常显著的区别。具体来说,在国际上,新常态主要是被动将自20世纪80年代以来的经济增长之长周期的阶段转换反映了出来,其隐含的意蕴,如果不是消极的,至少也是无可奈何的。而在中国则不是这样的,新常态构成面向未来更高发展目标的构想规划,在对中国经济转型的必要性进行分析的同时,也将中国经济转型的方向以及转型的动力结构都明确指了出来。新常态蕴含着发展的新动力,这是毋庸置疑的。发现、挖掘并运用好这些动力,需要我们从革命性的角度来调整旧常态下习以为常的发展方式,必须对已被旧常态扭曲的经济结构进行壮士断腕式改革,必须以高度的智慧引领新常态。这也就是说,改革构成新常态条件下的经常性任务。通过上述分析可以将新常态界定为由传统的非平衡、欠协调、不可持续的粗放型发展方式转入速度适宜、结构优化、可持续的集约型发展方式,形成不同于以往的、相对稳定的良好发展状态。(李扬,张晓晶,2015)

二、我国经济发展的新常态

中国改革开放波澜壮阔,并且创造出了"中国奇迹",而这些都是在新一轮全球化浪潮下展开的。相较于19世纪工业革命之后的第一轮全球化浪潮、两次大战之间的第二轮全球化浪潮,从20世纪80年代末开始的第三轮全球化浪潮是真正全球的。由于苏联东欧集团解体并普遍推行市场化改革,再加上广大发展中国家纷纷推行各种形式的改革开放,在本国发展市场经济体系并主动融入全球经济体系,绝大多数国家都卷入了全球化过程并享受了全球化收益。然而,福祸相依。尽管全球化让各国的经济活动紧密联系在了一起,将市场及其运行规则统一了起来,重塑了国际分工体系,使资源配置效率得到有效提高,但是,不可忽视的是,这也是一个让世界各国的经济运行和金融风险发生"日趋复杂的关联"的过程。由此可以看出,正是在全球"大稳定"时期,中国经济创造了年均增长9.8%的奇迹;同样,正是在金融危机发生后不久,全球经济陷入长期停滞时期,中国经济也步入了中高速增长的新台阶。2009 年,中国经济增速换挡了。自那以后,特别是随着 2009 年大规模经济刺激计划的效果逐渐减弱以及宽松政策的退出,中国的 GDP 增速开始明显回落,物价指数也继而在 2011 年开始转向。除此之外,绝大多数对中国经济增长的预测都认为,未来中国经济的增速将逐步放缓,这也在一定程度上体现出了中国经济的减速。中国经济进入新常态,不仅能够从全球经济的下行趋势中找到一定的解释,而且中国作为世界上最大的发展中社会主义国家,经济的长期走势自有其内在的规律,基于中国国情的内因毋庸置疑成为主导因素。当前,中国经济已经从过去 40 余年的"结构性增速"转向了未来一段"结构性减速"的时期,旧常态下的潜在增长率水平是很难再有了,一位数的增长率将成常态。当前,造成增速下滑的原因有很多,其中最主要的往往是结构性因素,是潜在增长率下降的结果。由此可以看出,金融危机后中国经济增长的主要因素是资本要素的积累(投资)。这也在一定程度上证实了结构性减速的判断。

(一) 结构性减速的原因

1. 资源配置效率下降

从国际上看,服务业的劳动生产率低于制造业,是一个普遍规律。因此,当资源发生从制造业向服务业转移的过程时,整体经济的劳动生产率(增速)必然下降。从人口的空间分布看,传统体制下我国人口缺乏流动。市场经济发展起来以后,人口的流动性开始提高,人们从农村进入城市,从中西部向东部聚集。由于这个过程同时伴随着劳动生产率的提高和就业率的提高,这就使我国劳动力的配置效率大大提高。关于资本配置,可以从两个角度加以分析,一个是资本供给及其同需求的关系,一个是资本配置的机制。在新常态下,通过改变资本配置机制,我国在提高资本配置效率方面还存在着较大的潜力。总的来说,如果要素能够自由、快速地流动,在一个信息充分的市场导向下,要素通过市场之手自然就可以得到更优的配置,从而对效率提高起到积极的促进作用。中国当前要素配置效率提高困境的症结,主要还是体现在非市场的制度层面。然而,毋庸置疑的是,只有在各个领域的改革扎实推进的前提下,资源配置效率的潜能方能变为现实。(姜同仁,2015)

2. 人口红利式微经济发展

所谓的人口红利,实际上就是在过去40余年中,每年数以千万计的劳动力从闲置、半闲置状态转而投入制造业,成为支撑我国经济高速增长的主要动力。但是,近年来,中国劳动供给整体上已经放缓,人口老龄化趋势明显,人口抚养比上升,传统意义上的人口红利即将终结,劳动力成本随之上升。这就在一定程度上将中国制造业的这一优势削弱了,同时,也在一定程度上冲击着中国制造业的国际竞争力。在未来相当长时期中,在劳动投入增长率趋降的背景下,摩擦性失业、结构性失业将与某种程度上的"用工荒"并存。劳动力,特别是新增青年劳动力的下降还对创新和创业产生了一定的制约作用。不同年龄人口的创新和创业的质量也不一样,年轻人的创业和创新质量更高。但无论如何,可以肯定的一点是,人口结构在创新以及经济发展中所起到的作用是非常重要的。靠政府主导干预配置和动员资源以获得赶超效应的高速增长阶段已经接近尾声,我国的经济增长要向以提升劳动生产率为主导的内生发展方式进行全面的转变。而要提高劳动生产率在经济发展方面的贡献,提高人们的教育水平和劳动技能是根本途径。

3. **资本积累的低效率困境**

我国经济增速下降的主要原因在于全要素生产率和人力资本增速的下滑,而资本积累则是支撑中国经济高增长的主要生产要素。然而,从长远的角度来说,中国的资本积累情况并不乐观,究其原因,主要是中国资本积累的效率较低。作为最重要的生产要素,资本的质量还会对经济增长产生影响。这里所说的资本质量,实际上是资本积累效率的又一种说法,其度量指标是资本的边际产出。资本边际产出是非常重要的,究其原因,主要是由于积累资本是为了在将来给我们带来更多的产品和服务的回报,从而增进人们的福利。因此,边际产出越高,资本积累的效率越高。从目前的形势来看,中国的资本边际产出已经下滑到接近发达国家的水平。从不断降低的资本边际产出(资本回报率)中可以看出,中国即将陷入资本的低效率困境,并且直到现在仍未看到资本边际回报明显改善的迹象。如果这种状况一直持续,那么就很有可能约束和制约我国的资本积累形成,长期来看,供给端的约束仍会强硬地限制经济发展。并且,从资本积累的"黄金律"准则看,这种高积累模式使人们的福利水平有所降低。要提高资本的回报,可以通过提高技术水平和人力资本水平,从而使资本的边际回报得到有效提高;还可以调整分配资本和投资的方向,让市场对资本流向更有效率的企业和行业进行积极的引导。

4. 创新能力有待提高

中国早已跨越了贫困陷阱,现在正面临中等收入陷阱的挑战。而要改变这一现状,就需要借助于技术进步,特别是生产效率和产品创新能力的提高。一个国家在与世界技术前沿差距较大时,提高生产效率的难度会相对较小。通过引进和模仿生产技术、加强基础设施的投入、雇佣低成本的工人、建立足够大的企业以使其规模效应可以降低资本的平均成本,就会使在国际市场有竞争力的生产效率的提高较容易得以实现。这种生产效率提高型的技术进步通常伴随着投资的高速增长等,有专家将这种后发国家的技术进步模式称为"投资构想"。但是,当一国技术水平与世界前沿差距缩小时,引进前沿生产技术的难度就会变大,生产成本特别是低劳动成本的优势会逐步丧失。这时,就要求依赖于本国的产品创新效率来使经济发展水平得到有效提升,技术的进步就更加依赖于"创新构想"。相比而言,投资构想对生产效率的提高较为注重,而创新构想则对创新效率的提高更加重视。总而言之,改革开放至今,我国经济一直处于赶超进程之中,这与我国的起点低,导致技术学习效率较高有着非常密切的联系。然而,随着逐步走向技术前沿,我国的技术学习效率趋减,技术进步放缓。需要强调的是,我国越来越接近科技前沿,必须从依赖技术进口转向自主创新。这也是习近平总书记在谈到我国未来经济发展的关键所在时,曾连续说了"创新,创新,再创新"的主要原因所在。由此可以看出,在习近平总书记看来,经济发展从要素驱动型转向创新驱动型,在很大程度上决定着中国经济在新常态下的发展。

5. 资源环境约束增强

从传统观念上来说,资源是几乎取之不竭的。但是,这至多只是经济处于极低水平下的假象;一旦经济迈上发展之路,就立刻显现出资源环境的约束。具体来说,主要体现在以下几个方面。

第一,从能源方面来说,由于受到粗放的发展方式和能源结构的影响,近年来我国原油、煤炭等消费量的绝对规模和在世界总量中的占比都持续上升，新增需求规模占世界比例则更高。由于中国自然资源相对匮乏，这类能源产品的对外依存度均相对较高。同时，由于使用效率低下，单位 GDP 的能源消耗居高不下。

第二，由于多年受"重发展，轻治理，先污染，后治理"的发展方式的影响，我国生态环境遭到严重破坏。而要治理污染，对资金投入有着非常高的要求，这实际上是经济的净损失，主要由政府来承担，但资金来自政府的税收，因此最终仍由企业和居民承担。而如果要从源头上通过降低排放来治理污染，包括使用更高技术的设备、使用更加清洁的能源类型，所带来的直接影响就是技术难度加大和成本提高。无论是哪一种方式，要治理污染，保护生态环境，都会带来经济特别是工业的减速。

第三，从世界发展的角度来看，随着新兴经济体和发展中国家全面崛起，未来中国和世界将面临的资源压力也是非常严重的。需要特别强调的是，在同样的技术水平下，生产相同的产品，不同国家的生产对资源和能源的消耗以及污染的排放，往往会存在较大的差异。一般来说，造成人均或单位 GDP 资源和能源消耗的巨大差异的原因主要有两个方面：一是产业结构的不同导致的排放差异，二是生活中资源和能源消耗的差异。从社会总体来说，这显然就需要将城市化的水平和质量置于更重要的地位，大规模采用低能源消耗的交通方式和降低能源消耗的居住方式。

6. 国际竞争压力加剧

经过改革开放后的高速发展，中国的贫穷落后面貌已经得到了改变，正向着全面小康的美好愿景前进，但是也不断有各种问题出现。从经济结构的角度来说，我国目前正处于从产业链低端向产业链中高端升级的阶段，这一发展阶段面对的局面是较为复杂的，一方面要与发达经济体主宰的高端产业竞争，争取占有一席之地；另一方面，一些发展中经济体正在产业链的中低端与我国展开激烈的竞争。这种两面作战的困境，对中国的经济增长产生了非常大的制约甚至阻碍作用，可以说，这已经成为导致结构性减速的又一因素。在这样的情况下，中国经济要想进一步发展，就必须逐步放弃和退出低端产业链。因此，迅速前进，尽快拉开同他们的距离是最合理的选择。通过提升竞争力跻身全球产业链的高端,对我国来说命运攸关,究其原因,主要是由于这对中国能否真正实现转型升级,能否摆脱中等收入陷阱,能否最终成为现代化的发达国家起到重要的决定性作用。

目前,我国与发达经济体的竞争主要体现在两个方面:一个是技术前沿,一个是国际规则。首先,在技术前沿方面,第三次工业革命将重构发达经济体与新兴经济体在国际分工体系中的地位及利益分配格局。众所周知,第三次工业革命的代表性趋势是网络化、智能化和服务化,目前,发达经济体仍引领着这一潮流。若不打破发达经济体对这些前沿技术的垄断,广大发展中经济体的低成本劳动力比较优势将进一步丧失。这种新的分工和利益分配格局,将可能使发达经济体在新一轮工业革命中重拾制造业优势,给尚处于传统意义上工业化中后期的中国带来重大挑战。其次,在国际规则方面,2008年全球金融危机爆发之后,全球范围内再平衡与结构调整的竞赛再次展开。发达经济体对传统全球化的模式不满意,欲重塑全球化格局。特别是在经贸和国际投资领域,美欧试图通过改变规则提高其自身优势,并在客观上形成对中国不利的国际竞争局面。美欧主要通过给中国贴上"国家资本主义"标签,试图通过确立"竞争中性"原则来达到使政府对经济活动的支持和中国企业在国际上的竞争优势降低的目的。另外,他们还试图通过气候谈判确立碳排放规则,对中国施加更大的减排压力,极力阻挠中国主张的"共同但有区别的责任"的原则成为国际谈判的基础。为防止中国的技术赶超和中国政府对自主研发的支持,以美国为首的发达国家不仅维持对中国的技术管制,还试图在国际知识产权保护等方面制定有利于发达国家的条款。通过对中国的产业结构和经济规模的充分考量,可以得知,在国际竞争中,美国、欧盟和日本等国仍然是中国的主要竞争对手。这些国家当然不会坐视中国来赶超。除了在国际贸易、投资等方面与中国展开竞争,在国际规则方面约束中国的发展,与中国在党的十八届三中全会对改革作出全面部署一样,他们也纷纷推出自己的结构性改革计划与长期增长发展目标,改革竞争的序幕悄然拉开。从上述分析可以得知,中国经济的未来发展面临着更为复杂的竞争,其中,改革是我们面临的最深刻、最关键、最硝烟弥漫的新竞争。要想取胜,就必须通过彻底、持续的改革,大规模收取改革红利,这是关键之处,不可忽视。另外,我们必须适应以经济增长速度下滑至中高速水平为外在特征、以结构性减速为基本原因的新常态,只有这样,才能给改革留出足够的时间和空间,也才能给改革创造合适的宏观环境。

(二)中国经济发展新常态的特征

2014年11月,习近平主席在亚太经合组织工商领导人峰会上首次系统阐述了新常态。在习近平主席看来,新常态的特点主要有以下几个方面:第一是速度——从高速增长转为中高速增长;第二是结构——经济结构不断优化升级;第三是动力——从要素驱动、投资驱动转向创新驱动。总的来说,中国经济的新常态所表现出的特征主要有中高速、优结构、新动力。

1. 中高速特征

新常态最基本的特征,就是中国经济增速换挡回落,从过去10%的高速增长转为7%~8%的中高速增长。从世界范围内来说,当一个国家或地区经历了一段时间的高速增长后,增速换挡现象都会出现。

2. 优结构特征

我国经济新常态的重要表现是潜在的、渐进的结构调整。需要强调的是,这种结构调整不是唯一的、孤立的,而是多元的、全方位的调整,具体来说,主要从产业结构、需求结构、城乡结构等方面得到体现。

(1)产业结构优化

新常态的最重要特征就是中国产业结构优化升级,第三产业超过第二产业。经济服务化理论的主要观点是,产业结构重心具有向服务业转移的规律性,服务业的迅速发展已经成为发达国家的普遍经济特征并进一步成为国际性的发展趋向。新常态下,我国服务业比重上升已经成为一种长期的发展趋势。

(2)需求结构优化

消费需求逐步成为需求主体。经济增长结构也发生了一定的变化,主要表现为逐步转向以消费为主,更多地依靠内需,从要素效率提升获取动力。

(3)城乡结构优化

城乡区域差距将逐步缩小。至2020年,我国城镇化率已达到60%左右。随着国家新型城镇化构想的实施,城市化速度将进一步加快,城乡二元结构逐渐打破,区域差距也将逐渐拉近。

3. 新动力特征

新常态下,中国经济将从要素驱动、投资驱动逐渐向创新驱动转变。从科技的快速发展中可以得知,随着劳动力、资源、土地等价格上扬,中国经济已经开始由过去依靠低要素成本驱动的经济发展方式逐步转换到科技创新上来。

第三节 国外体育产业的发展状况分析与启示

一、关于国外体育产业的发展状况分析

这里主要就几个较为具有代表性的国家和地区进行分析和阐述。

(一)美国体育产业的发展状况

美国经济在 20 世纪持续增长,与第三产业迅速发展,特别是体育产业成为美国第三产业中的支柱产业有直接关系。美国人在体育产业发展史上创造了一系列奇迹,使得体育产业的规模、结构、水平和效益都远远高于世界上其他任何国家。从相关的调查研究中得知,美国体育产业是由以下几个方面构成的,每一种产业都有自身的发展状况。

1. 健身娱乐业

美国健身娱乐业是美国体育产业最重要的组成部分。由于美国经济发达,生活水平高,美国人有健身消费的意识和习惯,有全球最大的健身娱乐市场,有充足的高素质体育经营人才,这就使得美国健身娱乐业具有市场规模大、经营水平高、组织化程度高、竞争有序的显著特点。

2. 职业体育产业

美国的职业体育产业起步早,发展也比较成熟和规范。从当前的形势来看,美国职业体育产业已经走上经营有方、管理有序的良性循环发展道路。球

员、俱乐部和联盟的主要目标在于实现各自的利益,既相互竞争又相互制约,这也标志着美国职业体育产业成为一项成熟的产业。

3. 体育用品业

体育用品业是美国体育产业的重要组成部分。19世纪上半叶,美国体育开始起步,体育用品业也随着发展起来。20世纪20年代,美国体育用品业得到了进一步的发展,这与当时运动员转投体育用品业有非常密切的联系。后来,随着需求的不断提升,体育用品市场上的需求持续大于供给,这也使得美国的体育用品业受到日本、韩国等国家和中国台湾地区的冲击。20世纪80年代,耐克和锐步的产生进一步带动了美国体育用品业的发展。

4. 体育经纪业

尽管美国的体育经纪业产值不高,但是,该产业具有非常重要的推动整个体育产业发展的作用。首先,体育经纪业的兴起带动了职业体育产业的发展和壮大。其次,体育经纪公司和体育经纪人卓越的专业化服务,尤其是拓展市场的能力,对体育无形资产的开发、体育书刊和音像制品的生产和经营,以及体育广告业和体育用品业的发展等都起到了积极的带动作用。

(二) 西欧国家体育产业的发展状况

西欧国家体育产业的发展状况,主要从英国、意大利、德国、法国等国家的体育产业发展状况上得到体现。

1. 英国体育产业发展状况

英国是一个有体育运动传统的国家,居民有体育消费的意识和习惯。因此,英国的体育消费和体育市场都比较发达,体育产业体系也相当完善。英国的体育产业主要包括健身娱乐业、职业体育业、体育用品业、体育博彩业、体育赞助和体育广告等。

2. 意大利体育产业发展状况

体育运动在意大利社会生活中的地位是非常高的,深受意大利人的欢迎与喜爱。意大利政府一直把体育看作是能带动国民经济增长的重要产业部门。体育用品业、职业体育业、健身娱乐业、体育博彩业和体育赞助、体育广告等都属于意大利的体育产业范畴之内。需要强调的是,足球体育产业是意大利体育产业中最重要的部分,而足球产业则是职业体育业的重要支柱。意大利的足球产业是一个包括门票、广告、电视转播权、俱乐部标志产品的营销等在内的复合产业。除此之外,足球彩票是意大利足球产业中最重要、最有特色的部分,也不能忽视。

3. 德国体育产业发展状况

德国作为欧洲比较发达的国家,其体育产业主要是由体育用品业、健身娱乐业、职业体育业和体育赞助构成的。其中,体育用品业是德国体育产业的支柱产业,阿迪达斯公司的产品和市场占有率代表了德国体育用品业的整体水平。健身娱乐业在德国是非常发达的。德国的职业体育业也高度发达。需要强调的是,德国的赛车、足球和网球是商业化程度最高的运动项目,尤其是德国足球甲级联赛经营管理有序。

4. 法国体育产业发展状况

法国政府鼓励和引导体育与经济的融合,这也是该国体育产业发展与其他欧美国家不同的一个重要方面。法国的体育产业以健身娱乐业为主。法国的体育人口占总人口的 2/3 以上,因此,法国的大众体育消费非常高。法国的体育博彩业也有相当规模。目前,法国国家体育基金会基金的 70% 来自体育彩票的收入。除此之外,企业的体育赞助在法国也相当普遍。

(三) 东亚国家体育产业的发展状况

东亚国家体育产业的发展状况可以从日本和韩国两国的体育产业发展状况上得到体现。

1. 日本体育产业发展状况

日本政府对体育产业的发展方面是非常重视的。日本体育产业包含的内容主要有体育用品业、体育建筑业、体育场馆出租业、健身娱乐业、体育广告和体育赞助以及职业体育业。其中,健身娱乐业高度发达,国民整体的体育消费水平非常高。由于大众健身娱乐消费非常普及,国民对体育用品的需求量很大,体育用品市场规模迅速扩大。日本的职业体育业也有了迅猛的发展,传统的职业棒球联赛继续保持强劲的发展势头。除此之外,还有逐渐发展起来的赛车、高尔夫球、网球、排球,以及新发展起来的职业足球联赛。体育广告和赞助企业的勃兴就是在职业体育业迅速发展的带动下实现的。

2. 韩国体育产业发展状况

20 世纪 70 年代中期,韩国的体育产业刚刚起步,到了 80 年代中后期开始迅速发展,尤其是举办 1986 年的亚运会和 1988 年的奥运会获得成功,对体育产业的发展起到了积极的推动作用。韩国体育产业的构成要素主要有两个方面:一是体育用品业,二是体育服务业。韩国竞技体育在亚运会和奥运会中取得优异成绩,对大众体育的发展起到了非常大的促进作用,人们对体育用品和健身服务的需求迅速提高。韩国人对体育服务业的消费增长也很快。

二、国外体育产业发展的启示

对国外体育产业发展状况的分析和评价主要是为了借鉴先发国家发展体育产业的经验,从中找到与我国体育产业发展相适应的道路。总的来说,可以将从中得到的启示大致归纳为以下几个方面。

(一)对体育产业发展加以科学规划

20 世纪 60 年代,体育产业开始在西方国家崛起,并且一直保持高速增长的势头。许多国家的体育产业已经或正在成为国民经济的新增长点,对本国社会经济发展起到了积极的带动作用。与发达国家相比,我国的体育产业还是较为落后的,但是有着巨大的发展潜力。随着我国社会经济的快速发展、人们生活水平的提高、健康意识的增强,体育消费需求越来越大。因此,对体育产业目标加以科学规划,使体育产业规模进一步扩大,能够有效拉动内需,并对国民经济的增长起到积极的促进作用。

（二）走政府主导下的市场发展道路

我国是体育产业后发国家,走政府主导型的发展道路是一个选择。究其原因,可以归纳为以下三个方面。第一,我国的市场经济体制尚不健全,市场体系和市场机制也还没有完善;第二,我国体育产业还处在起步阶段,发展成熟度还不够,需要政府保护和政策支持;第三,我国的体育产业需要政府将其独特的主导作用充分发挥出来。同时,需要强调的是,体育产业的发展必须走市场化的道路,政府的引导只是暂时的和有限的,按市场经济规律办事才是必然。

（三）保证梯度发展构想的顺利实施

我国体育产业的发展必须以国情和体育产业发展的现状为主要依据,坚持确立重点、找准难点、以点带面、逐步推进的发展思路,这主要取决于我国的体育产业处于发展的初级阶段。在现阶段,我国体育产业发展中实施梯度发展主要包含两个方面,一方面是将体育产业的发展重点科学地确立下来,另一方面是要找准切入点和突破口。

（四）通过多种所有制形式发展体育产业

我国体育产业发展的重要基础是国有、国办体育产业。但在我国鼓励和发展非公有制经济的政策下,国家再向体育产业进行投入是不可能的。因此,这就要积极采取措施,鼓励和引导非公有制经济主体在更大的范围内参与体育资源的配置,投资体育产业的生产和经营,从而使体育产业以民营为主的格局尽快形成。

第四节　我国体育产业发展的现实情况分析

一、我国体育产业发展的总体情况

从总体上来看,我国体育产业发展呈现出的情况主要归纳为以下几个方面。

(一) 整体规模情况分析

通过对我国有关体育产业统计试点的北京、广东、浙江、辽宁、安徽、云南、四川等七省市的调查分析可以得知,尽管当前我国体育产业由于规模限制,没有充分发挥出吸纳就业的作用,但是从其前景看,体育产业对增加我国的就业岗位的作用潜力巨大。我国体育产业有着巨大的发展潜力,有可能会成为国民经济新的增长点。我国体育产业有着非常重要的作用,这主要从扩大就业人口、拉动国内消费、带动经济增长方面得到体现。另外,体育产业作为国民经济新的增长点已经初现端倪。

(二) 结构特征情况分析

在目前我国体育产业结构中,体育用品制造业、体育用品销售业占据重要的地位,体育服务业所占比重不高。体育用品制造业创造的增加值要高于体育服务业创造的增加值。总产值、就业人口等重要指标也呈现相同的特点。我国的体育产业发展还不成熟,以健身娱乐业为核心的体育服务业发展水平严重滞后,从另一个侧面也说明了我国体育服务业的发展空间是巨大的。

(三) 地域分布情况分析

长江三角洲、珠江三角洲、环渤海经济带,以及沿海地区和竞技体育较为发达的省份,是我国体育产业主要分布地区。其中,北京作为我国的首都,是全国的政治、文化中心,国民经济迅速、稳定、健康发展。广东是我国市场经济的前沿地带,体育产业发展处于全国领先地位。浙江地处东南沿海,是我国最早实行改革开放的地区之一,是我国的经济大省。辽宁作为我国老工业基地,虽然在全国的经济地位已大不如前,但其经济实力仍然保持全国中上水平。辽宁也是我国的体育强省,为体育产业的发展提供了良好的条件。

(四) 所有制结构情况分析

目前,在我国体育产业经济结构中,非公有制经济已经逐步占据主导地位,形成与公有制经济并驾齐驱的多元化投资格局。尤其在体育用品制造业中,非公有制经济已经完全处于主体地位。改革开放至今,以往计划经济条件下由政府垄断体育事业的局面已经发生了一定的变化,体育的产业化和社会化水平正在不断提高。具体来说,主要表现为国有经济所占比例不断下降,非国有资产比例在不断提高,我国体育产业投资结构多元化格局正在逐步形成。

二、我国体育产业发展过程中存在的问题

经过一系列的深入改革,促进体育产业发展的新政策出台,我国体育产业有了一定的发展,但是,原有的"以体为主,多种经营"的格局仍然存在,旧的管理体制和运行机制仍然对体育经济功能的发挥产生一定的制约作用。在我国体育产业不断探索和发展的过程中,依然存在着一些问题和阻碍因素。具体来说,主要表现在以下几个方面。

(一)体育产业发展不平衡,水平有待提高

改革开放以来,我国体育产业呈现出较快的发展速度,但是,由于起步晚和受各种因素的影响,与发达国家相比,总体发展水平较低。另外,受经济发展程度的制约,各地区的体育产业规模和发展水平也是参差不齐的,经济较发达的大中城市和东南沿海地区体育产业发展速度快,并且水平较高,而广大的中西部地区发展则比较迟缓,地区间的发展差距也呈现出逐渐增大的趋势。

(二)体育产业结构的合理性欠缺

我国体育产业结构不够合理,具体来说,主要从以下三个方面得到体现。

第一,体育服务业所占比例太低。按照体育产业发展的一般规律,体育服务业是体育产业发展的重点,在体育产业结构中所占的比重应达到60%～70%。而我国体育服务业在体育产业总体结构中所占比重太低,体育产业结构配置的合理性较为欠缺。

第二,我国体育产业地区之间有着较大的差距。我国体育产业主要集中于京、津、沪及东南沿海经济发达的省份,而广大内地省份体育产业发展相对落后。从某种意义上来说,我国体育产业的发展在很大程度上受到地区差距的制约。

第三,我国体育产业不够集中。目前我国多数体育企业经营规模较小,有

影响的品牌较少。我国体育市场总体上处于"小、散、乱、差"的局面。

(三) 体育产业相关法律法规不够健全

目前,关于体育市场的管理缺乏高层次立法,还没有国务院的行政法规甚至法规性文件。虽然一些地区和大多数省会城市都颁布了地方性体育市场管理法规或政府规章,但在管理权限划分、执法程序和保障措施等方面仍存在着诸多矛盾,这就使体育市场的管理难度进一步增加了。作为一个新兴产业和朝阳产业,我国的体育产业同其他产业一样,要想获得较快的发展,面对大众体育需求的日益增长,以及体育产业前向、后向关联产业链条的延伸,必须制定新的发展方向和发展政策,并且对体育产业结构进行不断调整,将体育产业的主导部门产业作为发展的重点,使体育产业上一个新台阶,真正成为国民经济新的增长点。要实现这样的发展目标,需要政府部门对我国体育产业发展实际进行深入的调查,并且对制约体育产业发展的市场因素和政策因素加以分析,将促进和扶持体育产业发展的宏观经济政策制定出来,从而使我国体育产业的持续健康发展得到有力保证。(陈晓峰,2017)

(四) 体育系统产业开发不理想

新中国成立后,我国体育系统行政事业单位在国有资产方面有了较为充足的积累,其中规格较高、具有一定开发潜力的体育场地设施就有 2 万多个。但是,观念落后、体制与机制僵化、缺乏产业开发理论和经验等因素,在很大程度上制约着体育产业的发展,我国体育系统大量场地设施等有形资产和无形资产没有得到有效利用。很多体育系统的产业工作仅局限于出租体育场馆的房屋、收房费等简单的初级开发活动,大量的无形资产白白丧失。这就导致了我国体育行政事业单位的产业工作进展缓慢,经费的自给率在文化行业处于较低水平。

(五) 体育产业市场化程度低

体育产业中许多部门主要是政府有关部门主办的,因此,往往会造成政企不分、产权不清的问题发生;另外,还会造成部门垄断现象比较严重,市场准入的限制比较多,竞争不充分,还没有形成市场决定价格的机制。一些本来可以市场化经营的领域,被当作公益型、福利型事业来办,由此,政府无力兴办、体育和社会力量想办体育产业却办不成的尴尬局面便形成了。尤其是我国加入世界贸易组织后,体育产业的诸多部门将面临激烈的国际市场竞争,政府是难以代替市场而减少竞争的。

(六) 体育场馆建设与发展的理念没有统一起来

体育竞赛表演业、健身娱乐业、体育培训业等多种体育服务业的发展,必须在体育场馆这一基本载体上才能实现。可以说,合理的体育场馆布局结构和发展模式能够为体育产业良性运行奠定良好的基础。第一,新中国成立后,我国体育经营管理的知识与经验较为缺乏,市场化运作水平较低。由此,便直接导致了企业的运营成本太高,再加上税收较高等因素,许多健身娱乐企业在总体上处于亏损经营的状态。第二,我国体育产业制度建设相对滞后,对体育产业运营管理必要的规范和指导较为欠缺。目前,尽管国家体育总局先后制定了《体育运动项目经营活动管理办法》《体育竞赛管理办法》等,但是,其针对性和操作性尚有待进一步提高,再加上上述法规属于部门规章,作用非常有限。第三,我国体育产业中,熟悉体育产业、懂得经营管理、综合素质较高的人才较为缺乏。

第三章 | "一带一路"倡议背景下我国体育产业发展的政策体系研究

自改革开放以来,我国中央政府和地方政府相继出台了多项体育产业政策,对我国体育产业发展产生了重大的影响,起到了积极的推动作用。随着时代的发展,我国体育政策的制定与实施也不断与时俱进,与国际接轨。本章研究"一带一路"倡议背景下我国体育产业发展的政策体系。

第一节 体育产业政策实施的背景及经验

一、体育产业政策实施的理论背景

(一)影响体育产业规模的需求因素

从相关定义来看,任何产业的形成和发展都是对特定产品的供给和需求两方面共同推动的结果。因此,在体育产业发展中,影响产品供给和需求的各种因素都会影响体育产业的发展进程。

首先,居民收入是影响体育产品需求规模的主要因素。对于居民而言,体育产品并不是生活必需的,在某种意义上更像是一种奢侈品。因此,当人们收入达到一定水平,且在满足日常活动基础上有剩余时,人们才有可能对体育产品产生需求。所以总体来说,居民收入因素是决定体育产业发展的首要因素。

从发达国家的经验来看,体育产业率先在城市中发展开来。因此,城市发展规模是决定体育产品需求的重要变量。当城市居民拥有收入剩余后,就为体育产业发展提供了基础。居民的收入水平决定着体育产品的可接受价格,在体育产品价格相对稳定的情况下,城市中体育人口越多,则体育产业效益就越高。体育产业的利润率远高于其他行业时,体育产业自然会蓬勃发展。所以,居民中体育人口的比例同样对体育产业发展具有决定性影响。影响一个城市的体育人口数量因素有很多,但最重要的因素是城市规模。由于城市居民人口相对集中,收入较高,消费方式比较流行,所以体育人口也集中在城市。但城市体育人口能否使体育发展呈现出产业化,则完全取决于城市规模。城市规模越大,体育人口就会越多。从历史发展来看,工业化直接推动了城市化进程,城市规模越来越大,体育产业的规模也不断扩大。从这个发展过程来看,体育产业的形成和发展很大程度上是由城市化进程来推动的。此外,城市发展水平对商业体育产品的需求也有很大影响。评价城市发展水平需要考虑到综合因素,包括城市化水平、经济结构、基础设施建设、文化发展程度、居民生活质量等方面,而城市发展水平在不同层面上都会对体育产品的需求产生影响。例如,在城市中心建设的快速交通网络会在短时间内汇集周边地区的主要体育人口,使体育产业发展突破城市内的体育人口界限,不断扩大体育人口的范围,为体育产业发展提供支持。如今高速发展的现代信息网络加速了体育信息的传播、扩散和交流,广播、报刊、电视、网络媒体等大众传媒能够对体育消费者产生巨大的引导作用,激发体育人口消费体育产品的兴趣和激情,提升社会对体育产品的需求。此外,城市的经济实力、基础设施和城市文化是发展体育产业的客观条件,只有满足这些条件,体育产业才能生根发芽并茁壮成长。

居民的消费方式也会对体育产品需求具有一定影响。体育产品对于某些人来讲是奢侈的,尤其对于收入相对较低的人群来说。一般来讲,消费者随着收入增加,在奢侈品上的支出在总支出中的比重是持续上升的。当居民收入超过临界值后,是否把更多的收入用在体育消费上,这与不同国家或城市的居民消费方式有关。不同国家或城市有不同的传统文化和传统观念,有的地方把收入剩余用于储蓄或投资,以期望获得更多的收入,那么他们的体育产品需求就十分有限;有些地方的居民则更看重生活的水平和质量,甚至通过信贷把奢侈品视为普通消费品进行消费,因而体育产业在这些地方就能形成一定的规模。

体育消费之所以成为人们消费的重要内容,还取决于社会对体育运动的倡导、人们对健康的重视程度以及大众传播媒介的宣传效应。例如,英国推崇足球、拳击、橄榄球、高尔夫球等运动,最早成立了具有商业化色彩的赛马俱乐部,从而形成了体育产业,并迅速传播和流行,成为上层社会的重要活动方式。再如美国,社会竞争日益激烈,公众承受着极大的压力而感到紧张和压抑,人口老龄化趋势日益明显,国民医疗保健费用持续增长。在这个发展背景下,社会倡导积极参加体育运动,唤醒大众对体育运动和健康的认识。

工作日的长度也影响着体育产业的形成与发展。体育产业相对特殊,对体育产品的需求异于对普通商品的需求。对普通商品产生有效需求有两个重要条件:一是购买意愿,二是购买能力。所谓购买能力主要指货币支付能力。体育产品的需求不仅要具备上述两个条件,还要有充足的时间去消费这些产品,否则形成不了有效需求。即使收入再高,没有业余时间,也不会产生体育产品的需求。因此,体育产业的发展很大程度上取决于工作日的长短,也可以说是闲暇时间的长短。

(二)影响体育产业规模的供给因素

从供给的角度来看,影响体育产业发展的关键因素是体育产业的收益率。体育产业的收益率包含商业体育企业利润率和商业集团对商业体育投资的回报这两个方面。这两个方面不是彼此独立而是相互关联的,因为商业集团对体育的投资从根本上也是为了获得收益,包括物质回报和宣传效果。由于体育投资者的投资目标具有复杂性,所以体育企业的目标同样是复杂的。在体育企业中,并不是每个企业都追求利润最大化,但对绝大多数的体育机构来说,利润最大化是其维持和发展的最直接动力。如商业足球场、健身俱乐部、保龄球馆、台球俱乐部等各种各样的体育娱乐性企业,利润是其存在的基础条件,利润率高,这些企业才会有更好的发展。

职业体育俱乐部的存在不依赖于利润,这主要是因为职业俱乐部的投资方和所有者首先考虑的是能给他们带来的间接利益。商业集团作为投资者或赞助商,能获得巨大的宣传利益。比如,企业为体育俱乐部注资几千万元,但节省的广告费有可能高达几十亿元。所以,对体育产业来讲,生存和发展并不仅仅依靠商业利润率,依靠的还有产业收益率。从经济学的角度来看,政府,尤其是地方政府,投资的商业体育设施具有多元的目标,不排除寻求便利、宣传自身等目标,但最根本的目标是推动体育产业发展,培养新的经济增长点。最后,体育产业的发展还受到特定区域的地理环境和气候因素的影响。不同城市处于不同的地理位置,因此具有完全不同的自然气候。有的城市临海或有丰富的湖泊,雨水充足,空气湿润,发展水上运动具有独特优势;有些城市有着广袤的草原和雪山,气候寒冷,适合发展冰雪运动。所以不同城市的体育产品供给必须要考虑到本地的地貌特征和气候特点,发展不同的体育项目,才会给体育产业营造良好的发展空间。此外,体育项目的选择也与空间发展特征有直接关系。

二、发达国家体育产业政策的发展经验

在体育产业的发展历程中,发达国家采取的相关政策对于我国来说是很好的参考。下面简要概述美国体育产业的反垄断豁免政策和日本的体育振兴政策。

(一)美国反垄断豁免政策

美国体育产业实施反垄断豁免政策,具有非常复杂的结构。在美国体育发展中,一部分反垄断豁免政策的制定依据源自法律法规,而更多的部分体现在大量的判例之中,而为数众多的判例又因审判机构对反垄断法规有不同的理解,出现不同的结果。但美国体育产业的反垄断豁免政策作为主要的体育产业政策,在推动体育产业发展中确实起到了重要的作用,表现出许多重要的特征,为其他国家和地区制定产业政策提供了经验。美国反垄断豁免政策具有以下特征。

1.动态性

体育产业在不同发展阶段呈现出不同特征,因此在产业政策上必须与之相适应,进行及时调整。体育产业最初是个相当弱小的产业,在发展之初受到各种因素影响,很难培育出较大规模,形成一定市场。因此,此阶段的反垄断豁免政策覆盖面很大,调节范围广,加速了体育产业的发展进程。到了 20 世纪 80年代,美国的体育产业已经形成一定规模,如果采取过多的反垄断豁免措施,势

必影响消费者利益和社会的公共利益,因此,此时需对体育产业反垄断豁免政策进行调节和改进。此时美国的体育产业政策是以反垄断为主的政策,适度减少反垄断豁免的范围,目的是弥补市场失灵、保护有效竞争,使消费者和整个社会的利益得到保护。随着体育产业继续发展,尤其是职业体育加速发展,职业体育受到更多的审查,反垄断的相关法律法规无论在理论还是实践上都对职业体育市场的主体行为进行约束,对保证消费者和社会的利益起到关键作用。从美国体育产业发展的经验来看,美国体育产业在制定政策上具有的动态性是恰当的,既保证了体育产业稳步发展,又保证了社会利益不受侵害。

2. 框架性

美国的体育产业政策自制定出来就具有双重使命,一是促进体育产业发展,二是规范体育市场主体的行为。前者在遵从产业政策和法律法规的前提下,结合体育产业的特殊性,运用恰当的方式促进体育产业发展;后者是约束体育市场主体的行为,防止过度集中和垄断的现象出现,保护有效竞争,保护社会利益不受到损失。基于这种原因,美国的反垄断豁免政策一直保持一定的原则框架。首先,反垄断豁免在反垄断政策之下。大家理解反垄断豁免时一般认为是给予体育产业反垄断豁免的优惠,把体育产业规划到反垄断政策的范围之外,事实上这种认知是不准确的。从严格意义上来看,反垄断豁免政策是反垄断政策的延伸,是根据体育产业的特殊性深度解读反垄断政策,是把促进体育产业发展和规范体育市场主体的行为更有效地结合。其次,在实施反垄断豁免的条件下,各个职业体育联盟与政府需要在维护有效竞争上进行交流与合作。例如,美国篮球职业联盟 NBA 在维持不同俱乐部之间的竞争平衡上采取了最高工资总额制度、奢侈税制度、选秀制度、转会制度等措施,缩短了球队间的实力差距,与政府的反垄断政策目标高度一致。最后,在相关体育产品的价格定位上坚持消费者权益至上的原则,最终产品采取完全的竞争性市场定价,最大限度减少消费者的权益损失。

3. 选择性

所谓体育产业反垄断豁免政策的选择性,并不是让职业体育联盟和俱乐部的所有市场行为都不受反垄断法规的限制,而是专门针对那些必须通过采取反垄断豁免政策来保证体育产业健康发展的市场行为,或者不采用反垄断豁免将会大幅降低体育市场运行的效率并导致消费者受到损失的体育市场行为。此外,体育产业的发展进程也体现着选择性,体现在对反垄断豁免的优惠范围、程度和项目的适时调整上。

(二)日本体育振兴政策

日本政府一直很重视体育事业发展,但曾在相当长的一段时间内强调提高国民体质、身心协调健康发展等目标,并没有将体育视为一个产业,更没有制定相关政策扶植体育事业发展。1960 年,日本文部科学省体育局发布了《体育振兴基本方法草案》,对出台《体育振兴法》的必要性进行详细阐述,并在 1961 年正式颁布了《体育振兴法》。《体育振兴法》有 23 条内容,包括体育活动的定义、行政计划的制订、设施修建、运动员培养、国民运动会及各种体育竞赛的举办、研究、津贴等多个方面。立法的目的在于"明确有关振兴体育政策措施的基本内容,促进国民身心的健康发展,形成明朗而充实的国民生活"。《体育振兴法》的颁布与实施,对促进日本竞技体育水平的提高起到积极作用。但总体上看,这一时期的《体育振兴法》的着眼点仅仅是如何普及群众体育及提高国家在国际体育界的地位而已。2000 年,日本文部科学省根据《体育振兴法》第四条的要求,推出了《体育振兴基本计划》。这一计划在《体育振兴法》的基础上,对国家体育发展提出更详细的发展规划。《体育振兴基本计划》由三章组成,分别为终身体育、竞技体育、学校体育。这一计划确定了从 2000 年起以后 10 年中体育振兴和发展的基本方向,2005 年又根据实施情况进行修订。《体育振兴基本计划》的每一部分由政策目标、必要措施、基础措施这三方面内容构成。终身体育的政策目标是推动整个社会的终身体育进程,使每一位公民根据个人的年龄、目的、兴趣、技术、体能随时随地都能进行体育活动。具体目标为成年人每周至少参加一次体育运动,实施率达到 50%;必要措施是到 2010 年,全国各市町村至少拥有一个综合性地区体育俱乐部,各都府县至少建立一个泛地区体育中心。基础措施则是培养并安排体育指导员、完善体育设施、根据居民需求提供体育信息。

竞技体育的政策目标是培养和强化具有国际水准的运动员,推动形成一个明朗、充满活力的社会。具体目标为有计划地综合推进各项措施,培养优秀运动员,实现在奥运会上 3.5% 的奖牌获得率。必要措施是构建一条龙指导体制,从青少年时期就根据连贯的理念,对其进行系统的训练和指导;尽快完善国家级的训练点以及地区的强化点;采取专门的国家教练制度等措施,全面推进指导员的培养。基础措施是运用体育医学等相关的科学方法,推进科学训练方法的开发。学校体育的政策目标是让学生实现终身的、丰富的体育生活,提高国际竞技水平,加强终身体育、竞技体育与学校体育的结合。具体目标是推进学校与地区社会、体育团体的协作,满足学生的各种体育需求;推动学校与体育团体的合作,推进竞技水平的提升。基础措施是加强学校体育基础建设,包括指导员的培养、设施的修建、根据新指导纲领完善学校体育的学习指导、发展社团体育活动。

第二节　我国体育产业政策的发展沿革与问题

一、我国体育产业政策的发展沿革

相关研究证明,只有当社会经济发展到一定阶段,体育潜在的产业属性才会被激发并日趋成熟,才会有可能形成体育服务产业的形态。所以,对于我国来讲,随着社会、经济的迅速发展,体育产业必然会引起人们的广泛关注,开始对体育产业的政策进行研究。应该说,我国对体育产业的发展进行鼓励和支持,不是为了弥补政府主导的体育在发展上的不足,而是把它视为潜在的第三产业的组成部分。虽然我国体育产业政策的研究已有一定的积累,但受各时期历史条件的限制,国民对体育产业政策的理解和实施的角度不一,导致体育产业政策的建立与完善相对缓慢,成为改革开放初期体育体制改革落后的一个原因。鉴于此,我国体育产业政策的发展基本经历了以下三个阶段。

(一) 第一阶段:1978—1992 年

党的十一届三中全会把发展重点转移到社会主义现代化建设上,使我国经济进入了一个快速发展的时期。从这一时期的体育发展政策来看,一是鼓励体育系统条件较好的事业单位尝试开展多种经营,扩大服务范围,积极增收节支,在体育场馆的发展上提出"以体为主,多种经营",由事业型向经营型转变;二是吸引社会资金,采取赞助和联办的形式,资助体育竞赛和高水平运动队的建设,这在一定程度上缓解了资金不足的窘境。1984年,党中央在总结中华人民共和国成立特别是改革开放后我国体育事业发展经验的基础上,下发《关于进一步发展体育运动的通知》,提出了加快我国体育事业发展的指导思想、主要任务和工作措施。1986年,国家体委发布了《关于体育体制改革的决定》,明确提出了体育场馆等设施要"实行多种经营,由行政管理型向经营管理型过渡"。由此,我国体育事业开始向社会化、产业化的方向上发展。因此,这一阶段是我国发展体育产业的政策由点到面,从单一方面向多方面深入发展的准备阶段和起步阶段。

(二) 第二阶段:1992—1997年

1992年,国家体委召开了"中山会议",把体育产业发展作为体育改革的重要内容;同年,《中共中央国务院关于加快发展第三产业的决定》把体育列为第三产业的第三层次,属于提高科学文化水平和居民素质的服务部门。1993年,全国体委主任会议上制定了《关于培育体育市场,加快体育产业化进程的意见》,提出了体育事业要"面向市场、走向市场,以产业化为方向"的基本思路。1993年,国家体委《关于深化体育改革的意见》,提出了体育改革在改变计划经济的体制下,建立起与社会主义市场经济体制相适应、符合体育运动规律、由国家调控、依托于社会、有自我发展前景的体育体制和良性循环运行机制,由此形成了国家办与社会办相结合、集中与分散相结合的体育产业发展格局。1995年,我国颁布了《中华人民共和国体育法》。《体育法》明确规定,县级以上各级人民政府要把体育事业经费和体育基本建设资金列入本级财政预算和基本建设投资计划,并随着GDP逐步提高加大体育事业的投入。同年,国家体委颁布了《体育产业发展纲要(1995—2010年)》,在纲要中明确指出体育的产业性质和经济属性,对体育产业的边界进行界定,提出了我国体育产业发展的指导思想和目标以及政策措施。1996年,全国人民代表大会八届四次会议通过了《国民经济和社会发展"九五"计划和2010年远景目标纲要》,明确"进一步改革体育管理体制,有条件的运动项目要推行协会制和俱乐部制,形成国家与社会共同兴办体育事业的格局,走社会化、产业化的道路"的指导思想,从而确定了我国体育事业发展的政策性导向。同年,国家体委发布了《关于进一步加强体育经营活动管理的通知》。国家体委、各省区市政府机构先后颁布了体育经济的相关法规,将体育产业的发展重点从经营创收转到推动体育事业向产业化方向发展上来,并向国家争取一些优惠的经济政策。体育产业相关政策的相继出台,在某种程度上已经揭示了体育作为一种特殊行业既具有社会公益的属性,又有为社会服务的产业属性。在适应社会主义市场经济体制的过程中,体育体制改革的一项重大任务就是发展体育产业。此阶段是国家发展体育产业政策的探索和实践阶段,也是体育产业政策逐渐明朗的阶段。

(三) 第三阶段:1997 年至今

1997 年,党的十五大召开,大会确定了高举邓小平理论伟大旗帜,提出将中国特色社会主义事业全面推向 21 世纪的行动纲领。此时,体育产业逐步从单一的体育部门发展到社会中,迈向经济建设事业的主战场,逐渐成为国民经济的新增长点,受到国家与社会的高度重视。一些经济发达的省市已将体育产业作为当地社会经济发展的重点行业。1998 年 9 月 1 日,国家体育总局、财政部、中国人民银行联合发布了《体育彩票公益金管理暂行办法》。2000 年,国家体育总局发布了《2001—2010 年体育改革与发展纲要》,提出"体育产业作为第三产业的重要组成部分,必将在扩大内需、拉动经济增长方面发挥更重要的作用。应尽快着手制定科学的体育产业发展规划和相应的政策法规,加速培育体育市场",阐述了"加入世界贸易组织后,体育产业作为我国的新兴产业,面对扩大的市场准入和公开竞争的市场规则,必须审时度势,缜密规划,抓住机遇,加快发展,积极开拓海外体育市场"的发展思路,在体育产业的发展目标上,提出"体育产业初具规模,体育产业增加值以较快速度增长;缩小我国体育产品与国外的差距,提高竞争力;城乡体育消费稳步增长,占全部消费性支出的比重有较大提高;努力把体育产业培育成国民经济新的增长点"。2002 年,中共中央、国务院颁布了《中共中央、国务院关于进一步加强和改进新时期体育工作的意见》,提出"当今世界,体育产业的发展明显加快,已经成为国民经济新的增长点。作为第三产业的组成部分,加快体育产业的发展是建立社会主义市场经济体制的需要,符合我国经济结构综合性调整的要求,对于扩大内需,拉动经济增长,实现现代化建设发展目标,有着明显的推动作用"。世纪之交,既是国家明确发展体育产业政策、各地进一步探索体育政策的阶段,也是国家发展体育产业取得效果与成果的阶段。这一阶段,在国家大力发展体育产业的政策导向下,我国体育产业的内涵和外延得到进一步勾画。但是,在全国范围内,在如何稳步落实中央关于发展体育产业的问题上,因为行业间的理解有着较大的差异,主要由体育系统来负责政策研究和制定的相关工作,社会其他系统在相关理念、政策和实践上取得的成就还不够显著。而近年来,随着北京奥运会等国际赛事的成功举办,各省区市相继颁布了有关体育市场、体育经营的法规与政策,并不断修订;许多大中型城市也相继出台了体育产业和体育市场开发与管理的有关规章制度。相关政策与制度的出台,为规范体育产业和体育市场管理,建设良好的发展环境提供了保障。体育行政部门在建立体育产业政策方面下了一番功夫,取得了一定的成就。

二、新时期我国体育产业政策发展中存在的问题

我国体育产业会随着时代发展而不断发生变化,遇到不同的问题。在"一带一路"倡议背景下,我国体育产业的政策内核系统重点集中了政府职能转变、运动项目改革、产业业态发展、体育社会组织改革、市场主体发展这五项问题。这五大问题得到的政策红利大小能对国家体育政策产生直接影响。从近年来的发展来看,我国体育产业政策内核系统呈现整体力量薄弱和内部结构失衡的"双重问题叠加"局面。

(一)整体力量薄弱

内核系统是体育产业政策体系的核心组成部分,内核系统的强劲与薄弱对国家体育产业政策体系的最终效果产生重要影响,也直接影响到体育产业的发展与改革的进程。作为当前我国体育产业政策内核系统的构成主体,上述五大问题在政策层面受到多大的关注,具体有多少政策能切实落实,在一定程度上能反映出政策内核系统的强弱。相关统计表明,政策内核系统在体育产业政策系统中的比重相对较低,共有382条相关条款,占总体的32%。显然,我国体育产业政策的内核系统较为薄弱,具有很大的提升空间。通过进一步分析可知,

政策内核系统在国务院《关于加快发展体育产业促进体育消费的若干意见》体系中比重仅为31%。数据表明,长期以来,我国体育产业发展中的焦点问题和重点对象在政策上受到的关注度相对不足,政府的政策指导力量尚显薄弱。显而易见,如果一个系统的核心不够强大,即使对其进行再大的支撑,营造再优越的发展环境,该系统也是"扶不上墙";因此,为推动国家体育产业的发展与改革,促进其健康发展,政策主体要找到产业发展中存在的核心问题,围绕重点对象制定相关的产业政策,显著提高体育产业政策的内核系统。

(二)内部结构失衡

总体来看,我国体育产业政策内核系统兼顾了政府职能转变、运动项目改革、产业业态发展、体育社会组织改革、市场主体发展这五方面的问题,为体育产业的改革和发展指明了方向。但是,从政策内核系统内部结构看,产业政策对这五方面的关注并不均衡。政策内核系统更加关注产业业态发展,对其他四方面的问题关注度偏低,造成内部结构失衡的局面。

1. 政府职能转变政策亟待落实

政府职能转变的实现既是适应市场经济体制的需要,也是体育管理制度和运行制度创新的需要。自1993年国家体育宏观管理部门提出"面向市场、走向市场、以产业化为方向"的体育产业发展思想以来,政府职能随着产业发展不断发生变化。然而,发展到现在,政府职能在体育产业领域的角色转变依旧不够合理,仍然存在着一定程度的越位、缺位、错位等现象。作为国家对产业经济活动的主动干预和政府影响经济运行的宏观调控手段,产业政策在推动政府职能转变、促进产业发展中具有不可忽视的作用。但分析我国体育产业发展内容发现,政府职能转变的相关条款在体育产业政策中所占的比重很低,仅有8%。所以,政府职能转变的薄弱与目前我国体育产业加快政府职能转变、创新体育产业管理体制的需求之间有一定的差距。从我国体育产业的长远发展来看,体育产业政策调整要加强服务型、有限责任型政府的建设,在根本上推动体育产业发展。为此,一方面,中央政府要在现有基础上逐步研究和细化加快政府职能转变的政策,还要加强对地方政府贯彻落实中央文件的指导和检查;另一方面,地方政府需要加强学习,提高认识,理解并落实中央政府关于加快政府职能转变、促进体育产业发展等相关文件的精神。

2. 运动项目改革政策尚显薄弱

运动项目是体育产业发展的基石,运动项目市场化和职业化改革能够直接对体育产业的发展水平产生重大影响。1992 年以来,我国体育市场化改革逐步在足球、围棋等 12 个运动项目中实施;但是,运动项目的改革和发展依旧存在一些问题,在政策改革上相对薄弱是重要问题之一。统计结果表明,目前我国体育产业政策系统中,有关运动项目改革的政策只有 34 条,占内核系统政策条款总数的 8.9%。显然,运动项目改革在体育产业改革发展中受到的关注度偏低,需要予以重视。通过运动项目改革历史的回顾可以发现,国家政策的调整在运动项目的改革和发展中起到重要作用。因此,为了重点发挥运动项目在体育产业发展中的基石作用,我国体育产业政策要适应外界环境的变化,加强运动项目改革政策的制定和落实,改变运动项目改革政策相对薄弱的局面。

3. 产业业态发展政策有待调整

体育产业不同业态发展的水平对体育产业发展规模和质量具有直接影响。因此,在相关政策上,重点加强体育产业业态的规划和布局十分重要。统计结果表明,目前我国体育产业政策系统中,与产业业态发展相关的政策条款数量为 251 条,占政策内核系统总体的 65.71%。显然,产业业态发展政策得到了各级政府的高度重视与关注。究其原因,是因为我国体育产业长期存在规模较小、业态发展不平衡的突出问题,壮大体育产业业态、促进体育产业的量变是以往和如今产业发展政策的重要着力点。此外,根据经济基础决定上层建筑的规律,只有体育产业各个业态稳步成长,发展为规模市场,才能促使长期制约体育产业发展的体制和机制性障碍得到解决。所以,这也是当前体育产业政策中重点发展体育产业业态的根本原因。然而,在"一带一路"倡议背景下,加强体育产业业态量的突破固然重要,但是在兼顾质上也有一定的发展要求。未来,科学调整体育产业业态的相关政策非常必要。

第三节 "一带一路"倡议背景下我国体育旅游产业的发展研究

一、体育旅游产业的基本知识

(一)体育旅游产业的相关概念

1.体育旅游产业的定义与内涵

近年来,旅游业在我国蓬勃发展,出门旅游已经是一种时尚和潮流。而体育旅游因为其独特魅力,已经成为大众旅游的一个重要组成部分。根据体育旅游的大众性与特殊性,可以将体育旅游产业定义为以体育旅游资源为依靠,以体育旅游者为主要对象,通过提供体育旅游服务满足体育旅游者需求的综合性产业。根据体育旅游产业的定义,可以引申出以下内涵。第一,体育旅游产业主要依托于体育旅游资源。在任何国家和地区的体育旅游产业发展过程中,体育旅游资源是重要的物质基础。只有充分挖掘体育旅游资源并发挥其独有的魅力,才能吸引到更多的体育旅游者前往。第二,体育旅游产业属于综合性产业,包含了多个不同的行业。各行业通过提供各自的产品和服务来满足不同体育旅游者的各项需求,其作用是更加便捷地开展体育旅游活动,同时在满足体育旅游者总体需求的前提下统一起来。

2.体育旅游产业的构成

结合我国的实际情况,根据体育旅游者在食、住、行、游、购、娱等方面的旅游需求,可以将旅游企业划分为直接体育旅游企业和间接体育旅游企业。其中,直接体育旅游企业主要是依靠体育旅游者消费来维持和生存的企业,例如体育旅行社、交通通信企业和旅馆餐饮企业。而间接体育旅游企业则是那些主要服务对象并非体育旅游者,换句话说,是有没有体育旅游者都不影响企业运转,但也向体育旅游者提供商品和服务的企业,如销售行业、游览娱乐企业。从此可以看出,体育旅游产业在狭义上一般是建立在直接体育旅游企业这一基础上的,而广义来说不仅包括直接体育旅游企业,也包括间接体育旅游企业和支持发展体育旅游的各种旅游组织。我国体育旅游产业的构成部门主要有以下几个方面:体育旅游餐饮住宿业,主要包括饭馆、酒店、宾馆、餐厅、露营营地等;旅行业务组织部门,主要包括体育旅游经营商、体育旅游零售代理商、体育旅游经纪人以及体育运动俱乐部等;交通运输通讯业,主要包括航空公司、铁路局、海运公司、公交集团、邮政局、电信局等;游览场所经营部门,主要包括体育主题公司、体育运动基地;目的地旅游组织部门,主要包括国家旅游组织、地区旅游组织、体育旅游协会等。上述部门相互促进,具有共同的目标,即通过宣传吸引、招揽与接待体育旅游游客,推动本地的体育旅游经济发展。虽然其中一些企业并不以直接营利为目的,但是它们在促进与扩大商业性经营部门的营利方面起着非常关键的支持作用。

(二)体育旅游产业的性质

通常来说,国家发展旅游产业的动机往往涉及社会、政治、经济等诸多方面,并且以某方面为重点,兼顾其他方面。但是,结合旅游产业的发展状况,政府会在适当情况下对旅游动机的重点进行调整。可以说,这是一个国家政治、经济和社会发展的需要。从国家的角度来看,推动和促进旅游发展的工作仍然是一项涉及多个项目的工作,因此重视程度高。在我国市场经济条件下,旅游产业是诸多产业中的一种,旅游企业发展旅游产业的主要目的是通过对旅游的推动和提供便利服务来从中获取收入。旅游企业是以营利为目的并需要进行独立核算的经济组织,是旅游产业发展的主要角色。由此可以得知,旅游产业具有明显的营利性质。因此,旅游产业自身也要进行经济核算。另外,需要强调的是,从根本上来说,旅游产业是一项经济性产业,并不属于文化事业的范畴,而是国民经济的组成部分。根据对旅游产业性质的阐述,可以推测体育旅游是现代大众旅游中较为特殊的一种旅游,是旅游产业的重要组成部分。因此,体育旅游产业属于经济性产业范畴,明显具有经济属性,直观来说,体育旅游产业是具有经济性质的服务行业,并且将通过为体育旅游者的体育旅游活动提供便利服务而获取经济收入作为其根本目的。

二、我国体育旅游的发展历程

我国的国际旅游产业在改革开放后飞速发展。1978—2001年,我国入境旅游人数与旅游收入分别以年均12.9%和19.2%的速度增长。随着国际旅游产业的发展壮大,旅游者的旅游需求总体范围越来越广泛化,而个体旅游需求则越来越细化,这种趋势也成为推动我国体育旅游等各种主题旅游越来越多的一大动因。我国是一个地域辽阔的国家,拥有丰富的旅游资源,加之中华传统文化根植于每个中国人的心中,使得我国的体育旅游具有独特的民族特色,这些都是我国体育旅游发展的重要优势。我国不同地区地理环境、气候差异明显,这些差异为开展不同的体育旅游提供了良好的条件。东北地区气候寒冷,降雪充足,天然滑雪场以及国家级森林公园多达数十个,所以是进行冬季滑雪旅游的好去处。我国拥有狭长的海岸线,有很多著名的海滨城市,如大连、秦皇岛、青岛、厦门,这些沿海城市都是进行游泳、潜水、冲浪、日光浴等运动的理想去处。我国内陆有众多河流、湖泊和水库,很多水域都可以开展钓鱼、划船、赛艇等体育娱乐活动。我国还有很多名山名峰,为登山、攀岩等活动创造了良好环境。

中华人民共和国成立后百废待兴,一切处于重建阶段,此时人民的生活水平普遍较低,只能进行一些简单的体育活动,如跑步、游泳、球类、钓鱼、登山、骑自行车、滑冰。在改革开放不断深入后,我国旅游产业得到了较快发展,全国各个景区周边兴建了一批星级宾馆、饭店,配备了健身器械等配套设施。加之交通、通信等基础设施建设稳步推进,居民的出行与外出旅游活动越来越便捷。随着国民生活水平不断提升,传统的健身活动已经满足不了大众的健身需求,逐渐产生了更加多元化的旅游需求。体育旅游作为一种可供选择的健身休闲方式,因兼有娱乐、刺激等独特的魅力,逐渐受到广大群众的认可与喜爱。滑雪、漂流、攀岩、徒步穿越、登山、户外野营、骑行旅游、自驾车游、武术健身游、海滨健身游等体育旅游项目在我国蓬勃发展。随着现代科学技术的不断发展,人们在体育旅游中有更多的选择和机会。例如,攀岩最早只是在旷野山峦中攀爬,如今逐步演变出攀冰岩、裸岩和人工岩等多种活动方式。此外,登峰、漂流、蹦极、跳伞等体育旅游活动都体现出人类对自我极限的挑战。加上新型体育设备的研发与研制,既给这些活动提供了必要的基础条件,又在一定程度上保证了运动的安全,使体育旅游特别是极限运动能够安全地开展。在多重因素的影响下,人们逐渐有了挑战自我、超越极限、追求刺激、享受快乐的理念,而体育旅游恰好能满足人们这样的心理,人们的这些需求逐渐受到关注与重视,所以体育旅游才会不断发展壮大。因此,体育旅游具有巨大的发展潜力。然而,受到一些主观或客观的因素影响,我国体育旅游还有很多尚未开发的地方,旅游产业整体发展上也与发达国家存在一定差距。但是,我国的体育旅游发展前景是广阔的,在"一带一路"倡议背景下会有更多的机遇,尤其是在民族传统体育旅游方面,我国有得天独厚的资源和底蕴,由此可以开发出具有我国民族特色的体育旅游。

三、我国各地体育旅游产业的发展现状

在"一带一路"倡议形势下,发展我国的体育旅游产品,对宣传体育旅游、促进我国体育旅游产业的发展有着积极的意义。

(一)将体育旅游产业作为新的经济增长点

当前,全国有很多地方将开发体育旅游产业作为本地旅游经济的全新增长点,并对旅游产业发展进行系统而具体的规划。其中,四川和安徽是典型代表。下面就阐述两地体育旅游产业的开发与发展情况。

1.四川体育旅游产业的开发与发展

四川在《"十一五"旅游产业发展规划》中提出要开发"体育健康旅游产品"和"自驾车旅游产品",具体意见包括以下两个方面。

第一,就体育健康旅游产品的开发来说,借助大规模体育赛事与健身运动场馆资源,进一步加大体育旅游的发展力度;深入挖掘四川的中医药与少数民族医药资源,在此基础上全面发挥康体理疗的特殊作用,对矿泉和中药康体旅游产品进行规划,进一步扩大体育健康旅游市场的整体规模;在发展户外专项旅游的过程中,充分利用山岳资源,对其具有的意义要高度重视。

第二,就自驾车旅游产品的开发来说,积极适应汽车大众化与本省公路网两个方面的发展趋势,配合"一带一路"倡议,推广香格里拉秘境之旅、剑门蜀

道、重走长征路、攀西大裂谷探秘、南方丝绸之路、茶马古道等路线,将自驾车旅游的工作摆在重要位置,做好自驾车营地、汽车旅馆、餐馆、影院等设施与服务的相关工作。此外,在自驾车旅游沿线规划并建设厕所、加油站、服务区等配套设施。

2. 安徽体育旅游产业的开发与发展

安徽为落实省委、省政府《关于推进旅游产业大省建设的意见》,充分利用并开发安徽省内的旅游资源,全面推动安徽体育旅游产业的发展,为全省经济社会快速平稳发展、实现安徽快速崛起提供有力支撑。省体育局、省旅游局决定合力推进体育旅游产业大省的建设进程,通过多种途径促使各级体育和旅游行政部门密切合作,在全面开发多元化体育旅游产品的前提下,充分向全国乃至全世界展现安徽的风土人情与地域特色,逐步开发出体育旅游的品牌产品,联合各方面力量将安徽发展为体育旅游大省。省体育局与省旅游局通力合作,围绕体育旅游产品发展规划,认真落实合作框架协议的各项内容和要求,积极推动各级体育和旅游部门全面合作,共同开发体育和旅游两大资源。

(二) 有针对性地提出建议,发展当地体育旅游产业

在"一带一路"倡议背景下,很多地方对本地开发体育旅游产业提出了自己的观点,其中最具代表性的是重庆和河南南阳,具体如下。

1. 重庆市体育旅游产业的开发与发展

重庆政协委员建议以体育为突破口发展旅游,在市政协会议上提交了《重庆体育旅游的发展现状、问题与对策建议》的提案。结合这项提案,重庆市相关部门应当全面调查全市的体育资源,特别是要调查民族民俗性体育资源,并由此制定出科学的体育旅游发展规划,高质量完成体育旅游项目策划工作。与此同时,重庆要逐步加快建设体育设施的速度,进一步调整现代体育设施体系,优化体育旅游服务配套设施体系,为挖掘旅游资源、树立体育旅游品牌打下坚实的理论基础与物质基础。重庆要结合本地的旅游资源开发不同类型的旅游项目,如重庆多山,在山地景区可以开发山地自行车、摩托车、汽车越野竞技性体育旅游项目;重庆有很多少数民族地区,可以利用民族传统体育资源开发竹

竿舞、舞龙舞狮、划龙舟等具有观赏性、参与性的体育旅游项目,开发少数民族传统体育旅游项目。此外,针对重庆专业人才不足的问题,重庆应当在培养体育旅游人才方面多做一些工作,把更多时间和精力用在体育旅游从业人员的岗位培训与职业教育这两方面,让本地体育旅游的人才在体育运动技能、理论知识、组织协调能力上都有过硬的素质,从而更好地服务重庆体育旅游产业发展。

2. 河南南阳体育旅游的开发与发展

目前,河南南阳共有 5000 多名"驴友",有 1000 多名车友,他们根据自己的情报网络,通过互联网进行沟通,自发组织登山探险旅游活动。这些旅游者的足迹遍布全市人迹罕至的崇山峻岭、河谷深涧。从休闲体育旅游的发展来看,体育休闲旅游实际上是体育产业与旅游产业相互交叉、相互渗透的结果,把体育资源与旅游资源定位成重要基础,凭借不同类型的规划、设计、组合的体育活动和体育赛事吸引人们成为参与者。所以,体育旅游能促使人们更加深刻地体会到体育活动与大自然情趣的亲密互动。这是一种以体验为主要形式的休闲生活方式。体育和旅游不仅不能被分割开来,还要促使二者加深协作力度,如此才能增加双赢的可能性,最终在短时间内最大限度地实现体育旅游的价值。

(三) 各地区体育旅游发展速度不断加快

近些年来,全国各地的体育旅游都有了很大的发展,这里主要对具有代表性的黑龙江体育旅游产业发展进行分析。黑龙江地处东北,是我国冰雪体育运动的大省。黑龙江人很早就有参加冰雪运动的传统,一直保持着冰雪运动的热潮。2009 年,哈尔滨成功举办了世界大学生冬季运动会,全国各地的冰雪爱好者更加愿意去黑龙江参加冰雪活动,新一轮的冰雪体育旅游高潮也由此掀起。特色鲜明的滑冰、冬泳、冰雪汽车拉力赛等冰雪体育旅游项目从黑龙江推向全国,影响力不断增加,其中滑雪旅游的人数每年持续上升。

四、"一带一路"倡议背景下推进我国体育旅游产业发展进程的策略

在"一带一路"倡议背景下,推进我国体育旅游产业发展进程的策略包括以下几个方面。

(一) 全面领会国家关于发展体育和旅游的精神实质

全国各级体育部门和旅游部门要进一步加强对党中央、国务院文件精神的学习,从新的高度提高对体育旅游融合发展的认识,坚定做好工作的信心和决心。

(二) 进一步开创体育旅游部门合作新局面

旅游部门和体育部门要做到科学发展,积极实践,探索体育旅游融合发展的创新机制,敢于尝试促进发展的新方式与新方法,研究相关政策措施,引导体育旅游平稳健康发展。

(三) 提升服务,不断优化体育旅游消费环境

体育旅游产业的服务商首先要坚持以人为本的思想,大力倡导企业结合游客需求在旅游服务上进行创新,向游客提供令他们满意的消费环境;其次,大力倡导健康、绿色的生活理念,主动引导良好的体育旅游消费观念;再次,关注民生问题,从根本上增强服务意识,提高服务人员的职业意识;最后,政府加大对体育旅游的引导力度和市场监管力度,构建和健全切实有效的保障体系。

(四) 增加供给,大力培育体育旅游消费热点

鼓励旅游企业和体育企业以市场需求为导向,加强合作,创意策划,向游客提供内容丰富、实用性强的体育旅游产品,不断提升体育旅游产品的文化内涵。鼓励各级政府深度挖掘、合理配置资源,培育各类要素,加大对体育旅游基础设施的投入。鼓励社会资本投资体育旅游,促进体育旅游多元化发展。

(五) 发挥媒体优势,加强体育旅游和新闻传媒之间的联系

在现代社会,要借助各种媒体的力量,构建覆盖范围广、社会影响力大的舆论氛围,有效带动和激励各方面力量参与到体育旅游发展过程中,推动旅游、体育、文化等产业实现关联发展的状态。如果能得到政府的大力支持、社会各界的认可、体育旅游爱好者的积极参与与正面评价,就说明我国体育旅游产业迈向一个新的发展阶段。体验式健康经济主题旅游渗透新兴领域,体育旅游自发展起来就迅速得到全国旅游爱好者的响应,表现出了良好的发展趋势。

第四章 "一带一路"倡议背景下我国体育产业创新研究

随着"一带一路"倡议的不断深入推广,体育产业也迎来了发展的新契机,它对体育发展的方式、产业结构的优化等都有积极的影响。体育产业在国际交往中扮演着重要的角色,对加强国际交流、促进经济合作有重要的作用。因此,在"一带一路"倡议背景下,体育产业应该抓住新的机遇,努力寻求发展的新思路、新模式,从而有效推动我国体育产业的不断发展和强大,推动我国经济的不断增长。

第一节 "一带一路"倡议背景下我国体育产业发展的新机遇

一、体育基础设施的需求增加

随着我国经济的不断发展,我国的体育产业也得到了较大的发展。全民健身目标的提出在我国掀起了一股健身热潮。越来越多的人意识到健身的重要性,积极锻炼,提升自身健康水平。近几年,我国的体育基础设施建设得到了飞速的发展,各地体育场馆数量不断增加,体育器械器材等也在不断地完善。我国在体育基础设施建设方面具备了较高的技术和丰富的经验。"一带一路"倡议背景下体育基础设施的需求增加,我们可以与沿线国家合作进行场馆建设、器械供应,互利互惠,促进可持续发展。

二、为体育旅游产业的发展提供了契机

我国体育产业的发展也带动了体育旅游产业的不断进步。体育旅游产业作为一种新兴的产业在近几年得到了快速的发展。体育养生、体育赛事、体育表演节目等体育旅游项目的发展也日渐成熟,并深受人们的喜爱。"一带一路"倡议的不断推进也给我国的体育旅游产业带来了新的契机。我国在"一带一路"沿线国家有着良好的形象。随着交通的发展及沿线国家居民收入水平的提升,我国的体育旅游产业对沿线国家有着较强的吸引力,越来越多沿线国家的游客愿意来我国旅游,从而对推动我国体育旅游产业的发展有着重要的作用。

三、为体育赛事产业的发展提供了新的机遇

"一带一路"倡议的不断推进还为我国体育赛事产业的发展提供了新的机遇。我国的体育产业在不断地壮大和发展,我国顺利举办的国际比赛、大型比赛等得到了国际的认可,在国际中的地位得到了不断提升。"一带一路"沿线国家,尤其是部分欧洲国家体育赛事的需求较大,我国可以与这些欧洲国家进行合作,联合举办体育赛事,也可以通过赞助的方式进行合作等,从而推动我国体育赛事产业的不断发展。

四、为我国体育消费品制造业提供了新的发展机会

"一带一路"倡议的推进还为我国体育消费品制造业提供了新的发展机会。随着我国体育事业的不断壮大,我国的体育消费品制造业也取得了很大的发展。体育消费品制造业在品牌、质量、技术等方面都有了很大的提升,在很大程度上带动了我国经济的不断进步。但是体育消费品制造业面临的一个重要难题就是国内劳动力成本不断提升,这给体育消费品制造业带来了巨大的压

力。"一带一路"沿线有许多劳动力成本较低的国家,我国体育消费品制造业可引进"一带一路"沿线国家的劳动力,从而降低企业的成本,或者体育消费品制造企业可以"走出去",将产业进行转移,这都给体育消费品制造业提供了新的发展机会。

第二节 "一带一路"倡议背景下我国体育产业发展的新思路

一、增强体育基础设施的运营效率

在"一带一路"倡议背景下,我国的体育发展需提高体育基础设施的运营效率。长期以来,我国的体育基础设施运营效率较低,以举办体育赛事为主。体育基础设施应该充分发挥作用,为"一带一路"沿线国家提供体育运动建设、体育医疗等方面的资源保障。除了基本的体育赛事外,体育场馆也可以用于演出、旅游、训练、展会、医疗等,发挥多种作用。学校的体育场馆也可以与社会进行合作,既能增加收入,又能满足人们日常的体育健身需求。资源整合力度的加大能够为我国体育产业的发展带来新的增长模式,推动我国体育产业的不断进步。

二、加强体育旅游基础设施的建设

在"一带一路"倡议背景下,我国的体育产业还要加强体育旅游基础设施的建设。当前,我国的体育旅游基础设施难以满足人们日常休闲锻炼的需求,体育旅游基础设施的建设与完善对推动我国体育旅游产业的发展有很大的作用。它不仅可以促进我国体育旅游产业的发展,还可以吸引"一带一路"沿线国家的人们来我国旅游,促进旅游产业的进步。体育旅游产业也要发展冰雪运动、水上运动、户外挑战、户外越野等体育休闲运动,并开展独具特色的体育运动赛事等,吸引更多的人参与到体育旅游中,感受体育运动的魅力,推动我国体育旅游产业的发展和强大。

三、培养专业的体育人才

"一带一路"倡议背景下,我国体育产业要想得到可持续发展,就必须有人才的支持。培养专业的体育人才是"一带一路"倡议背景下我国体育产业寻求新的发展思路的重要保障。高校应该加大体育人才的培养力度,创新体育人才的培养模式,提升体育人才的专业素质水平。此外,体育经营、体育设计、体育创意等相关方面人才的培养也应该引起高校的重视,从而促进体育文化产业的发展。高校还可以与社会企业合作,丰富体育人才的社会经营管理经验,提升其专业素质水平。"一带一路"倡议背景下,培养专业的体育人才对促进我国体育产业的规范化发展有着重要的意义,同时也能够创新我国体育产业发展的模式,从而推动体育产业的腾飞。

四、推动"互联网 + 体育"产业领域的发展

在"一带一路"倡议背景下,我国要重视"互联网 + 体育"产业的发展,开创体育产业发展的新模式。近年来,"互联网 + 体育"成为一种新型的发展模式,互联网的飞速发展以及普及带动了各行业的发展,体育产业也不例外。我国已经和欧洲国家践行了"互联网 + 体育"的模式,如利用网络平台进行体育赛事的转播,获得了不错的成绩。我国已在"互联网 + 体育"产业领域积累了较为丰富的经验。随着"一带一路"沿线国家网络的发展,我国可以与沿线国家在"互联网 + 体育"产业领域进行合作与创新,推动双方体育产业的发展。

第三节　民族传统体育的推广与挖掘

民族传统体育作为中华民族的文化形态,带有浓郁的民族文化特色和地域特色,包含中华民族各种体育活动形式。例如,龙舟竞渡、秧歌会舞、舞龙舞狮、拔河、踢毽子、太极拳等都是人们喜爱的体育活动项目。除此之外,还有蒙古族的赛马、赛骆驼和射弩,回族的打木球,朝鲜族的跳板、荡秋千等。很多民族传统项目名称相同,但是结构和形式各有特色,规则不一,具有不同的历史背景和

重要的文化价值。

民族传统体育注重"以人为本,修身养性,神形具备"等内涵,注重内涵修养、知德、知理和知仪。如中华武术,习武人常讲"未曾学艺先学礼,未曾习武先习德",说的就是这个道理。中华武术还注重"天人合一",因为民族传统体育本来就是在特定自然环境中的产物,重视人与自然的和谐,人与人的和谐,人与社会的和谐。不同地域的民族为适应自己特殊的环境,通过带有自己民族特点的实践方式和认识方式,创造出了独具特色的传统体育,进而形成了各民族的传统体育文化。

民族传统体育不仅有利于团结各民族,维持社会稳定,共同繁荣,还有利于各民族文化相互渗透并逐渐认同。再者,民族传统体育文化的多重文化价值能够促进文化认同,树立民族自信心,增强民族自豪感。"一带一路"作为连接中国与世界的桥梁、经济发展的纽带,给民族传统体育文化提供了一个良好的发展平台。民族传统体育文化也会不负众望,充分发挥自身的文化价值,丰富各族人民的情感交流和文化生活,增强各族人民文化认同感,树立民族自信。

第四节　品牌体育赛事的运营和体系的构建

当前,我国体育产业、全民健身事业的发展既面临新机遇,又充满新挑战。我们应顺应时代发展,全面总结、系统梳理全民健身事业发展理论和实践成果,深耕细作,坚持以增强人民体质、提高全民族的健康素质为目标,着力打造自主体育赛事品牌,推动全民健身沿着高质量发展方向不断前进。

一、专业化运营,完善办赛机制

体育赛事是体育产业的支柱,也是全民健身事业的重要依托,其核心是体育赛事的产权及其相关衍生品,即体育赛事 IP。体育赛事 IP 的发展会带动整个体育产业的发展,能吸引更多人加入全民健身行列,进而也会拉动经济增长。相比其他国家,我国体育赛事 IP 行业发展空间巨大。

从国外成熟体育 IP 的发展路径来看,打造我国自主体育赛事 IP 首先要加强专业化运营,用专业的体育思维和良好的运营机制开展体育健身活动。赛事水平是决定体育赛事 IP 关注度、参与度以及持久度的关键。提高赛事水平,短期内可以提升票务售卖、赞助投资收入,长期看则可以带动青少年体育、体育培训、体育制造业等其他体育附属产业链的发展。就全民健身运动而言,专业化运营还意味着为赛事配备相对固定的比赛场所,保障赛事运行的稳定性;简化赛事参与方式,重视参与者的身体健康和人身安全;完善赛事晋升通道,兼顾业余与职业差异,增强赛事参与体验。

二、产品化思维,开发商业价值

新冠肺炎疫情导致全球各项体育赛事一定程度上停摆,由此带来的转播、赞助、门票等经济损失难以估量。不过与此同时,一些优质体育赛事 IP 凭借内容和产品化思维,将赛事系列化、平台化,商业价值依然得到持续开发。

以全民健身领域非常具有影响力的"3×3 篮球黄金联赛"为例,赛事锁定青年粉丝群体,针对通过手机 App 观看体育赛事的用户习惯,结合互联网优势,借助微博,着力打造"5 英寸体育"。在竞赛制度方面,引入国际篮联认证,邀请职业球员参赛,提升赛事竞技水平;在竞赛安排方面,根据参与者大都是学生或上班族的特点,灵活选取时间开赛;在竞赛体系方面,推出了积分赛,增强赛事的趣味性和持久性;在比赛场地方面,选择大型商超、购物中心等地点,增加赛事品牌曝光度;在比赛形式方面,增加明星表演、电竞比赛等娱乐元素,迎合受众口味。

三、数字化融合,发展"互联网 + 赛事"

新冠肺炎疫情发生后,以线下消费为主的传统产业受到较大冲击,但以线上消费为特征的新兴产业并未受到太大影响,相反还获得较快发展。体育竞赛表演产业、全民健身活动等也应把握数字化发展的新浪潮,实现"互联网 + 赛事"融合发展。

可利用互联网相关技术和运营思维,通过大数据、区块链等技术,掌握粉丝第一手需求资源,明确主导消费方向,构建以数据为中心的稳定盈利方式;还可借助 VR、AR、5G 等技术与手段,虚拟现场的比赛氛围,增强赛事观看体验。

此外,可开发体育赛事同类游戏软件,增强用户黏性;运用新媒体优势,简化观众获取赛事信息、观看比赛的方式,增加参与赛事话题讨论的途径,从多平台、多角度、多层次获取公众关注度,提高体育赛事 IP 的热度,用流量变现。

四、特色化定位,发挥地域优势

当前我国全民健身赛事层出不穷,如 2019 年全国各地举办的马拉松认证赛事已达 357 场。要在众多赛事中避免同质化,脱颖而出,就需要因地制宜,发挥地域优势,打造特色化、差异化的赛事 IP。

在打造赛事 IP 方面,山东半岛围绕当地"一带一路"倡议主题建设,精心组织体育赛事;四川都江堰双遗马拉松拥有全球首个奔跑在世界文化遗产和世界自然遗产之间的赛道,依托城市古今文化,努力与国际接轨,赛事规模也不断攀升,影响力与日俱增。

真正有价值的赛事 IP 需要长时间的积累和培育,体育赛事 IP 的周期性长,安全系数更高,网络效应也更强。围绕全民健身,致力于做好"赛事 +"文章,通过打造自主体育赛事 IP 搭体育台、唱经济戏,既是体育产业自身发展的需要,也是提高体育项目参与性的需要,强健全民体质也就有了更多的抓手。

第五节 "一带一路"倡议背景下我国
体育文化研究

"一带一路"倡议背景下我国体育文化的主要内容包括以下几点。

一、体育精神文化内容

体育精神文化作为体育文化系统中的核心内容,对整个体育文化系统起引领与导向的作用,主要包括体育价值观、体育理想、体育道德和体育审美这四个方面。

二、体育制度文化内容

体育制度文化是体育活动正常运行的保障,是整个系统中的中介层面。它可分为以下三个方面,即体育运动中人的角色和体育活动的组织形式,体育的组织机构和体育的原则、制度。

三、体育物质文化内容

体育物质文化作为体育文化系统的最外层,是体育精神文化和体育制度文化的重要载体和外在表现,是摸得着、看得见的体育文化内容。它以实实在在的感官刺激,不断激励着人们参与体育运动。它包括体育运动项目、运动设备以及书籍、图画、影像。

第六节　我国体育文化对外交流的必要性

虽然我国传统体育具有几千年的历史,但我国体育文化确实处于一定程度上的劣势地位,首要问题就是国人一度对我国体育文化的不够自信。

一、我国体育文化传播管理与运行机制有待加强

我国体育文化研究基地不足,也缺乏海外的关于中国体育文化研究与交流的基地。除此之外,我国现行体育管理体制使政府体育部门职能高度集中,社会体育组织、体育文化产业缺乏足够的生机和活力。

(一)东西方的体育文化差异导致我国体育文化传播受到重大阻碍

东西方生活环境、文化背景的差异,导致双方对体育运动的思想观念、审美、价值观等产生了不同的认识与理解,致使我国体育文化向外传播受阻。

（二）传播深度的不够

我国体育文化对精神文化的交流重视不够,易使我国体育运动处在缥缈无根的境地。

（三）加强我国体育文化体系建设,保护、挖掘、开发民族特色体育文化

要不断加强我国体育文化体系建设,提升体育文化质量,丰富体育文化内容,充实体育精神文化建设,完善体育制度文化建设,丰富体育物质文化建设。此外,我们还应该充分挖掘、开发、保护民族特色体育文化和体育项目,将其独特的魅力展现给世界各国人民。借"一带一路"倡议之大势,引进、培育、凝聚人才,发挥人才优势,让他们在"一带一路"这条大路上大显身手,为我国体育文化的对外传播与交流提供不竭动力。

二、构建"一带一路"倡议背景下体育文化传播系统

构建以政府部门为主导,企事业单位、社会组织为从主要参与主体,个人传播为辅助的"一带一路"倡议背景下体育文化传播系统。

借助"一带一路"沿线孔子学院,加快我国体育文化的对外交流与传播。孔子学院已有一套完备的教学体系,我们应该充分发挥孔子学院的现有资源优势,派遣优秀体育青年教师、学生、志愿者,投入我国体育文化对外交流与传播事业中。

三、构建"体育文化 +"模式,拓宽体育文化对外传播途径

整合、创新更多科学、有效的"体育文化 +"模式,为我国体育文化的对外传播提供更多新颖的传播模式,不断拓宽我国体育文化对外交流、传播途径。

"一带一路"倡议是目前我国的顶层构想,受到国内外的高度重视,也是我国将进行的新一轮全面对外开放。"一带一路"倡议的合作重点是"五通",在"五通"建设的过程中,我们应当坚持文化先行,促进沿线的文明交流与人文互鉴。2017 年 1 月,中共中央办公厅、国务院办公厅印发《关于实施中华优秀传统文化传承发展工程的意见》,指出要推动中外文化交流互鉴,加强"一带

一路"沿线国家文化交流合作,鼓励发展对外文化贸易,让更多体现中华文化特色、具有较强竞争力的文化产品走向国际市场。体育文化本身就是一种特殊的文化,是一种世界性通俗文化活动,具有超越语言、种族、文明的中性色彩,体育文化的传播正是贸易畅通和民心相通的契合点。然而,现实中我国体育文化传播的内容较少、路径单一,并且缺乏系统全面的研究,尤其缺乏在"一带一路"倡议这一新时期背景下传播层面上的研究。因此,进行"一带一路"倡议背景下我国体育文化传播的研究,对于促进我国体育文化在这一新时期背景下的传播及发展"一带一路"倡议的合作重点具有重大的理论价值。

"一带一路"倡议背景下我国体育文化的传播有利于弘扬我国优秀传统文化,增进沿线各国人民的人文交流与文明互鉴,夯实我国同沿线国家合作的民心相通基础,扩大文化产业规模与对外贸易,提升城市综合影响力。

我国体育文化自身的优势与各省区市的区位优势为我国体育文化的传播提供了内部条件,而"古代丝绸之路"的成功开通、"一带一路"基础设施的建设与众多国家的积极响应则创造了有利的外部条件。

"一带一路"倡议背景下,我国体育文化的传播应以社会主义核心价值观为引领,坚持创新发展,传承中华文化基因,以不忘本来、吸收外来、面向未来为指导思想,遵循合作与开放相结合、传承与创新相结合、传统与现代相结合、共建与共享相结合的传播原则。

"一带一路"倡议背景下,我国体育文化传播的近期目标是实现我国体育文化的有效传播,中期目标是建设体育文化产业园、打造中国体育文化品牌,远期目标是实现各国经济利益的多边共赢,以传播重点内容和创新融合传播为主要任务。

"一带一路"倡议背景下,我国体育文化传播的内容体系是由体育精神文化、体育制度文化、体育物质文化 3 个一级指标,15 个二级指标和 64 个三级指标组成的。

"一带一路"倡议背景下,我国体育文化传播的手段是传播主体的多样化、传播信息的整合与创新、传播媒介的拓展、传播受众的拓宽和传播效果反馈的分析。

构建的以政府为主体、以企业为主体、以社会组织为主体和以个人为主体的四种传播模式,可为"一带一路"倡议背景下我国体育文化的传播提供一定的参考。

我国宜在"新亚欧大陆桥经济走廊"路线上将中华武术等民族传统体育文化通过体育旅游、节庆赛事等方式进行传播,在"中蒙俄经济走廊"上将冰雪项目等通过冬奥会、投融资等方式进行传播,在"中国—中亚—西亚经济走廊"上将赛马等骑射类体育文化通过亚洲艺术节等方式进行传播,在"中南半岛经济走廊"上将舞龙、舞狮等舞戏类体育文化通过文旅联动等方式进行传播,在"中巴经济走廊"上将骑马、射箭等骑射类体育文化通过公益扶持等方式进行传播,在"孟中印缅经济走廊"上将投壶等跑跳掷类体育文化通过博览会、体育旅游等方式进行传播。

我国宜从政府行政、行业自律、社会公众、国际组织四个层面对"一带一路"倡议背景下体育文化的传播进行监管。

四、"一带一路"倡议背景下的山东半岛体育产业创新合作发展研究

在"一带一路"倡议背景及我国体育迅猛发展的新形势下,体育产业与其他产业融合发展的方向和路径成为一个值得研究的课题。结合我国"一带一路"倡议,本书提出了在新形势下加快山东半岛体育产业发展的建议:提高对山东体育发展趋势的认识,制定加快山东体育产业发展的有关政策;建立国内多方联动机制,共同促进山东体育产业发展;加强规划引导,制定"一带一路"区域化山东体育产业发展专项规划;打造具有"一带一路"特色的优质山东体育产业,丰富赛事相关山东体育产业发展体系;规范山东体育产业发展公司运行管理的规章制度;充分发挥新媒体的作用,丰富山东体育产业发展的宣传形式。

第五章 "一带一路"倡议背景下我国各类型体育产业的发展研究

自改革开放以来,在党的政策引导下,我国各类型体育产业稳步向前发展。如今,"一带一路"倡议势必会给我国各类体育产业发展带来空前的机遇。因此,本章研究了"一带一路"倡议背景下我国各类型体育产业的发展,主要研究内容为竞技体育产业、休闲体育产业和体育旅游产业的发展。

第一节 "一带一路"倡议背景下我国竞技体育产业的发展研究

一、竞技体育产业的基本知识

(一) 竞技体育产业的相关概念

竞技体育产业,可以简单理解为以竞技体育为核心,围绕体育运动项目进行商业产品开发所得到的结果。从体育产业的发展历史来看,竞技体育产业与体育赛事和体育服务都有密不可分的联系,具体来说,竞技体育产业能直接提供的产品是体育赛事,而竞技体育产业的本质属性是服务。一般来讲,体育赛事具有很高的水平和质量的话,会吸引很多人的关注,能全面、有效地刺激大众进行体育消费,进而让整个体育产业的发展受到推动和促进。竞技体育产业因社会反响大、经济效益高,成为体育产业中的重要内容,迅速奠定了其主体地位。关于竞技体育产业概念界定,不同学者和专家有各自的理解,目前业内尚未有统一定义。其中,下面关于其基本要素和经营阶段划分的理解比较具有代表性。

(二)竞技体育产业的基本要素

竞技体育产业由许多基本要素构成,每一个基本要素都不能被忽略,因为它们都会对竞技体育产业产生重要的影响。竞技体育产业化经营是一个很繁杂的系统工程,其中包含很多具体的环节,通过对其内涵进行分析,把其主要的构成因素提炼出来,分别是龙头竞技体育项目、竞技体育项目基地、竞技体育俱乐部、消费者等。

(三)竞技体育产业经营的阶段划分

竞技体育产业在经营与管理上具有明显的阶段性特征,在不同的阶段,竞技体育产业的政策方针和发展重心都不相同。从竞技体育发展的角度来看,可将我国竞技体育产业经营大致分为三个阶段,分别是酝酿阶段、起步阶段及发展阶段。

1. 酝酿阶段(1979—1991 年)

我国进行改革开放后提出了体育社会化的指导方针,竞技体育产业开始得到酝酿。与中华人民共和国成立后的前 20 年相比,竞技体育产业在这一时期体现出的重要经营特点是从国家全权包办逐渐转变为社会承办。

2. 起步阶段(1992—1997 年)

1992 年后,我国确立了社会主义市场经济体制,所以竞技体育产业发展到了起步状态。竞技体育产业朝着市场化、职业化和实体化方向发展。这一时期,我国足球等项目实现了职业化改革,开始进行职业联赛。

3. 发展阶段(1997 年至今)

进入 20 世纪 90 年代后期,政府更加重视竞技体育产业的发展,社会对竞技体育产业的重视程度越来越高。随着国家经济越来越繁荣，GDP 稳步增长，人民生活水平日益提高，对体育消费的需求越来越大，因而体育产业成为国民经济新的增长点。此外，各种形式的资本力量注入，使得体育产业整体发展更加快速，而体育产业的经营管理也逐渐成熟、规范。"一带一路"倡议的布局与实施，势必会给我国经济发展增添新动力，也势必会带动体育产业继续繁荣发展。

二、"一带一路"倡议背景下我国竞技体育产业发展的策略

(一) 完善竞技体育产业的发展环境

1. 克服有效需求不足的障碍

在竞技体育产业发展中，近年来存在潜在需求和有效需求不足的问题，比如有的体育项目吸引力不足，比赛时看台空空如也，引导性消费需求的发掘与运行相对困难。但是我国人口众多，中青年人口规模较大，收入和可任意支配收入增长较快，只要大众对竞技项目具有一定的兴趣，那么体育产业市场有效需求不足的障碍肯定会越来越小。为此，政府经济部门应保证经济较快增长，增加居民收入，尤其是可支配收入，在此基础上通过媒体和舆论对大众的消费观念和生活方式进行引导。总体来看，我国竞技体育产业发展存在多种环境障碍，所以要通过改善环境来解决这些障碍。近年来，我国体育产业整体发展相对稳定。随着"一带一路"建设的深入，城市居民在收入提高、家务劳动减少的同时，对体育的需求和消费必然会提高。因此，竞技体育产业要抓住"一带一路"倡议的机遇，举办更多精彩赛事，为观众提供更好的服务。

2. 规范竞技体育主体、体育行业组织的行为

竞技体育组织一般是企业的法定代表人，其行为要符合国家法律规定，尤其是经济方面要做到诚信经营、依法纳税、明晰产权并履行相应的责任与义务，具有强烈的社会责任感；此外，要有职业意识，重视竞技运动员的契约关系，对运动员进行道德教育，培养和提高竞赛技能。作为竞技体育赛事的组织者和各会员企业的权威性组织，足球、篮球协会是非营利性组织，在发展竞技体育产业

时,要充分发挥出自身不可被替代的作用。对于职业俱乐部来说,要绝对认同和遵守相关的协会章程、赛事组织、竞赛规则等条文条例。如果俱乐部之间出现状况,运动竞赛秩序受到破坏,协会要有足够的处理能力和协调能力。此外,不论什么项目,协会组织开展工作的出发点和永恒的主题都是如何提升比赛的观赏性,吸引更多人的目光。因此,各项目的组织协会与体育主管部门的行政隶属关系要逐步分离,确保这些协会组织对各个俱乐部负责,对广大关心热爱运动的人们和职业运动员负责,对各级政府负责。地方政府、体育局等部门与竞技项目协会的关系,主要依靠法律和政府规制来维持和规范。如果职业运动员参加俱乐部比赛和其他赛事出现冲突,那么协会应该事先进行协调,政府则要尊重其独立性和决策权,不过多干预。如果组织协会不制定科学的规则,没有权威性,功能不齐全,就会影响到竞技项目市场需求的稳定性和持续性,进而影响到我国竞技体育产业的发展。

3. 及时弥补相关行业和配套条件中的薄弱环节

总体来看,竞技体育产业在发展中出现的具体障碍往往是体育领域以外的相关行业或城市基础设施方面产生的相关问题,如城市发展的信息基础设施的能力达不到同步化、广域化、国际化,或城市自身的容载量有限,难以满足大量观众在游览和住店上的需求,此外还有城市交通系统不发达、交通不便利等。这些问题会对消费者的需求形成一定阻力。当然,对于城市建设来说,这些障碍是可以逐步克服的。要制定相应规划,解决某时段中出现的重点问题。此外,我国竞技体育产业发展的投资资金很不均衡,投融资机制不畅,方式单一。有些项目,如足球,近年来的投资呈爆炸式增长;但有些项目不论采取什么样的措施,依旧被"冷落",基础设施配套建设都不够完善。因此,地方政府要积极采取措施,比如通过发放债券的形式,改善与竞技赛事、体育产业密切关联的基础设施和配套条件。在体育场馆的经营与使用上,对一些规模大、租金高的运动场馆,在体育企业没有购买能力的情况下,政府可以采取类似物业税的方法为企业缓解租金压力。在企业对场馆设施进行投资时,只要政府多多支持,提供优惠和便利的条件,企业在项目投资上具有竞争性,不违背市场经济原则,多为消费者想一下,动员一部分财政和公共资源来支持竞技体育产业发展,就能得到社会的认可。鼓励、吸引更多的民间资金、民营资本进入体育产业是竞技体育产业形成和发展的基础,但供给状况也会对其发展产生影响。在我国体育体制改革和竞技体育市场化进程中,体育系统的部分机构和下属经营性企业已经产生了依赖性与习惯性,即希望在市场活动中利用较低的成本,依附或捆绑在重大公共体育活动中开展经营活动。这些机构和企业自身具有资源上的优势,能够迅速获得业内信息,这在无形中就会形成壁垒,对非体育系统的社会资本进入是一种障碍,造成不公平竞争。事实上,我国有大量民间资本完全具备进入能力,但体育产业相关领域中的确存在一些无形的障碍,民营资本在传统产业的投资中容易出现太过集中的现象,而相关体育产业又得不到足够的资本支持,所以要想方设法打破这样的局面。因此,在"一带一路"倡议的发展构想背景下,我国体育产业应当积极鼓励民间资本、民营企业到竞技体育产业中发展,对重要竞技项目进行运作、经营与管理,通过项目竞标、资产多元化等途径,引导民间资本力量进入竞技体育产业市场,为国家体育事业发展奉献力量。同时,各个省区市应充分挖掘自身特点,吸引国外的投资公司、体育公司和体育中介服务商参与进来,促进国内外竞技体育资源的衔接,鼓励企业间进行商务洽谈、信息传播和资源共享。在这方面,政府要做相关工作,不仅要完善与竞技体育活动有关的城市基础设施,还要建设体育商务合作的市场平台。

(二) 培养竞技体育市场

1. 重点培养竞技体育市场

从西方国家和我国一线城市的发展过程来看,竞技体育产业中高水准发展的往往是 1～2 个运动项目。造成这种现象的原因,既有社会文化、人文习惯等环境因素,也有社会资源有效配置这一规则的要求。在竞技体育的有效需求还没有形成规模时,会有众多竞赛项目存在,各项目都会缺乏有效的支撑,竞赛经营者实现不了投入与产出的平衡,就无法实现专业化和规模化的发展。但是体育市场是面向全社会开放的,城市政府主管部门要抓住机遇,将社会资源和有限的财政资源集聚在 1～2 个比较火热的竞技项目上,将这些项目打造成精品赛事,促使这些竞技项目在市场上形成更大的供求规模,发展出更高的层次。

2. 构建竞技体育与主要行业的商务合作平台

在一定范围内,某一竞技体育市场初具规模,具有一定的社会影响力,能吸引一定的观众,对工商企业的吸引力也会增强。此时,进行赛事组织、推广、服务的相关企业和厂商就愿意与赛事主体进行商务合作,吸引专业媒体进行报道与宣传,吸引经纪人和广告公司进行代言合作。为此,竞技体育俱乐部、体育竞赛联盟或组织协会要成立互通的信息交流平台,利用互联网、电子商务等平台拓展商务渠道,进行长期交流,争取更多的市场机会和商业价值。

3. 完善竞技体育市场的规则与制度

竞技体育市场能否把自身具有的功能施展出来,除了需求、供给等因素以外,还与市场运行关联的各种规章制度,尤其是法律以外的业内行规联系颇深。比如举办一届体育竞赛,在比赛的制度上,参赛队伍数量、竞赛规则、赛事日程等方面都要考虑周全;此外,裁判员、运动员、媒体人员等要有职业素养,俱乐部、经纪人、组织协会、场馆运营方以及媒体等方面的利益分配要符合行业规范。竞技体育产业各方应主动联系,团结协作,及时沟通,充分发挥市场的功能。

(三) 提升竞技体育市场潜在的商业价值

要充分认识竞技体育商业价值的形成特点,鼓励和引导长期性的投资经营行为。竞技体育在发展中具有的商业价值是十分独特的,其商业价值具有易变性和关联复杂性,专业化经营和规模化发展相对缓慢,这就容易引发投资者短期投资、冲动投资的倾向。因此,政府部门和相关学术界要适当引导,让这些投资人和经营者不盲目冲动,而是慎重决策,冷静思考。投资都有风险,因此在方法和策略上,要帮助企业投资人将竞技体育业务与主营业务结合起来,将参与、组织竞技体育赛事的部分成本作为其他业务的预算。在"一带一路"倡议背景下,我国竞技体育产业必将会有更多的机遇,因此投资人要有信心,相信竞技体育发展有广阔的前景,要追求长期的投资经营回报。

整合竞技体育与相关行业的资源,可显示出产业链各环节的商业价值。我国竞技体育的平均有效需求量不大,相关配套服务市场有稳定的需求,因此,竞技体育项目的产业化发展不能一下子布局到整体,与竞赛项目有关的中介服务也不能贸然发展。比如,观众想看中超联赛转播,可以看网上直播,也可以看中央电视台体育频道或省市级电视频道,还可以看媒体的相关报道。这样,在赛场、电视转播、广告中介和赞助商合作等环节,商业价值和收入这块大蛋糕都被这些企业瓜分了,难以超过各环节的经营成本或降低机会成本,导致各方都还想获取更多的利益,都不够满意。因此,要对竞技体育与相关产业的资源进行整合,重点是控制商务合作方的数量,特别注意要缩减相同服务主体的数量,根据竞技体育市场与产业的发展过程,积极引导更多的其他相关服务企业加入进来。在这方面,市场自发的力量和政府的引导工作也是很重要的,它们的作用不可或缺。

要加快国内外市场的联系与企业间的合作,促成竞技体育商业价值的广域性提升。在竞技体育形成和实现商业价值的发展过程中,国际化交流与合作是普遍的发展规律。各个国家和城市具有的竞技体育赛事资源、有效需求、赛事传播方式以及赞助商的形象推广区域具有一定的差异。竞技体育产业的国际化发展实际上就是挖掘资源,拓展全球市场,有效满足参与各方的目标诉求,扩大自身的范围,提高影响力。因此,要允许并鼓励这些国外竞技体育企业进入国内市场,支持国内企业与国外企业进行广泛交流与合作,以市场、信息、产权等内容交换资源,提高自身经营收入水平。要通过有组织、有规模的竞赛项目节省经营成本,显示我国竞技体育还未被开发和利用的商业价值,促成更多竞赛项目扩大规模,加速我国竞技体育产业的发展并与国际接轨,缩小与国外高水平体育赛事的差距。

第二节 "一带一路"倡议背景下我国休闲体育产业的发展研究

一、休闲体育产业的基本知识

(一)休闲体育产业的相关概念

1.休闲体育的概念

随着科学技术的进步,人们的劳动时间越来越少,空闲时间越来越多,人们的价值观念与生活方式随着时代发展出现很大的变化,由此诞生了休闲体育。当前,将体育作为一种娱乐手段,已成为现代文明中一种时尚的生活方式,在人类社会文化生活中发挥着越来越大的作用。但由于"休闲体育"这个概念在我国流行的时间并不长,关于休闲体育的称呼也有闲暇体育、余暇体育等。对于休闲体育这一概念的理解,由于人们认识上的偏差,至今尚未形成统一的解释。因此,在参考众多观点的基础上,本书把休闲体育定义为在相对自由的社会生活环境和条件下,人们自发选择并从事的各种形式的体育活动的统称。休闲体育是体育的一种存在形式,是社会休闲活动的主要方式之一。在这个定义中,"相对自由的"有两方面的含义。一方面,在现代社会中,所谓的自由并不是绝对的,因为我们在生活中要受到相关的法律、法规、道德、制度等方面的约束,因此定义中所谓的自由只是在遵守这些法律、法规等约束性内容的基础上的自由;另一方面,在现代社会条件下,任何参与者都可以拥有自由支配的活动时间和空间,并具有一定的活动能力等条件,但参与什么样的活动全凭参与者自己来决定。

2. 休闲体育产业的概念

对休闲产业的构成进行分析可以发现,休闲体育产业在休闲产业中占据很重要的位置。休闲体育产业即为充分满足人们的休闲体育消费需求,向个人或组织集合体提供物品、服务以及相关设施的产业。从某种程度上来说,可把休闲体育产业理解成将目标设定为满足人们休闲体育需求的产业。

3. 休闲体育产业的含义

休闲体育产业的概念包含以下四项含义:休闲体育产业所提供的产品是休闲体育用品与休闲体育服务;休闲体育产业之所以向人们提供休闲体育产品,主要目的是促使人们进行休闲体育消费,这说明其提供的产品具有明显的指向性;人们通过支付货币来购买休闲体育的产品或服务,以使自身的休闲体育需求得以满足,这个过程就是休闲体育消费;休闲体育有一个特殊属性,即体育运动是对休闲体育产品进行生产和提供的基本方式和手段。

(二) 休闲体育产业的功能

休闲体育产业被大众形容为新兴产业与朝阳产业,具有的功能和作用反映在很多层面上。休闲体育产业的功能与休闲体育相同。除此之外,要指出的是,休闲产业功能的一个重要组成部分是经济功能。

1. 提供就业岗位

毋庸置疑,大力发展休闲体育产业能向国民提供更多就业岗位,由此能在一定程度上缓解当前就业难的局面。在特定的社会经济条件下,劳动者参与生产经营活动或非经营性工作,之后得到相应的报酬,这就是所谓的就业。从实质上说,就业即满足物质需求与精神需求,人以特定方式在社会中成为劳动的参与者。当今社会多种问题都与就业有关,这些问题直接影响社会经济发展状况、全社会的长治久安及和谐社会的构建进程。我国要采取各种措施提高就业效率,使广大劳动者的生存情况和发展情况得到改善,为构建和谐社会提供保障。休闲体育产业涉及内容广泛,而且属于综合性产业部门,既有生产,又有服务。体育休闲产业的发展必将会带动其他相关行业的发展,为社会提供大量的就业机会。

2. 刺激健康消费

现代社会倡导积极健康的生活方式,而休闲体育自从诞生以来就与一些体育活动方式有着密切的关系。这些活动方式不仅丰富多彩,而且对人的身心健康十分有益,如溜冰、登山、徒步旅行、钓鱼、攀岩。经常参加这些活动不仅能满足休闲娱乐的需求,而且能改善体质与健康。因此,作为人们休闲的主要形式,休闲体育早已充分融入社会的方方面面。随着休闲体育产业发展进程稳步推进,越来越多的休闲体育运动方式可供人们选择,人们在休闲体育消费方面的选择也越发朝着多元化方向发展,自觉在休闲体育产业中进行健康消费。

当前,我国生产力水平的发展速度不断加快,经济发展呈现出持续稳定增长的态势,居民收入水平不断提高,居民的消费欲望和消费潜力也越来越大。除此之外,国家增加了清明节、端午节、中秋节等小长假,假期增多意味着大众的闲暇时间越来越多,人们的消费空间也越来越大。在这个背景下,人们的休闲体育消费必然会持续增多。随着我国不断扩大对外交流与合作,举办更多的世界性体育赛事,与世界其他国家交流日益密切,大众的视野会更加开阔,固有的消费观念与生活方式会随着生活的变化而不断改变,进而也会导致消费需求出现变化。随着社会的发展,现阶段人们的追求更加集中在精神层面,花钱长见识、花钱买健康的人不在少数。休闲体育产业和我国现阶段的市场需求相适应,因此对我国消费持续扩大的新兴产业产生极大的推动力。加快推进休闲体育产业的发展可以演变为扩大我国内需的一个着力点。经济学中有一个基本常识,即生产决定消费,生产的最终目的还是消费。当某个国家的工业得到极大的发展后,通过第二产业的发展供应大量生活资料的能力飞速提高,居民的日常消费愈发丰富,但我国人口众多,所以不可能对人们无节制的物质消费进行过多的刺激。针对这样的状况,大力提倡广大群众选择精神消费为主要内容的休闲体育消费是很有意义的。广大群众的精神需求可以在基本物质需求得到满足的情况下演变成为最关键的消费目标,所以精神产业消费的发展空间相当广阔。

(三) 文化功能

1. 促进观念的改变

在休闲体育产业中,休闲体育本身所具有的休闲、娱乐、健身等价值必然能够充分展示出来,这些价值有利于加深大众对休闲体育的认识,提高人们的生活质量,促进人们文化观念的转变,对人们传统的体育意识进行有效引导,引导大家积极参与休闲体育。这在客观上对体育经济的发展起到了助推作用。休闲体育产业具有的健身、娱乐、休闲、教育等方面的文化价值是显而易见的。此外,休闲体育产业还具有一定的艺术价值,这能够吸引更多的群众,使广大群众成为体育休闲活动的参与者。在广大群众当中,不同的人所持有的休闲体育文化价值观往往有很多相似之处,在一些情况下是相同的。当休闲体育文化价值成功影响到这些人以后,他们往往会对特定的休闲体育运动形成共同的思想并达成共识,同时他们会自觉改变以往片面或肤浅的休闲体育文化观点,由此产生共同的休闲体育消费倾向。这不仅有助于提高休闲体育和休闲体育产品的市场份额,还有助于推进规模经济的形成,对体育产业市场和社会经济的发展具有积极意义。

2. 促进人们生活的丰富

人类在发展进程中不断创造物质文明,不断创造精神文明。随着社会文化的不断发展,人们在享受物质生活后,也逐渐对精神文化生活充满向往。文化生活内容丰富,多姿多彩;体育运动也具有文化韵味,休闲体育亦是如此。休闲体育不仅能满足人们的娱乐性、消遣性精神生活需求,还能满足人们的审美、自我发展等其他需求。休闲体育产业作为社会文化生活的重要组成部分,包含多元化的活动内容与活动方式供人们选择。随着群众的闲暇时间越来越充足,休闲体育产业自身同样增加人们的选择途径和选择机会,促使人们更加自由地安排自己的业余生活。在"一带一路"倡议背景下,我国广大群众不仅要为社会主义物质文明建设贡献应有的力量,而且要积极参与社会主义精神文明建设。休闲体育不仅能提高广大群众的精神素养,还能使人们学到更多的文化知识,提高人们的知识水平、审美能力和综合素养。人们在闲暇时积极参与休闲体育活动,一方面能使业余生活更加丰富和精彩,另一方面能够推动我国社会主义精神文明的建设进程。

体育的健身功能很明显。在空闲时间积极参与休闲体育活动不仅能保持身体健康,还能提高参与者的体质水平。俗话说,岁月不饶人。随着年龄增长,人的身体会出现各种变化,随之而来的就是各种疾病。相关研究发现,动脉硬化在脑力劳动者中的发病率为 14.5%,在体力劳动者中仅为 1.3%。我国传统养生观念一直强调运动对于人体有着重要作用。对长期参加跑步健身的 40 名中老年人的研究发现,他们得病的概率都很低,心肺退行性变化能推迟 10 年甚至更长时间。之所以还能保持很好的心肺功能,与他们平时坚持参加适宜的长跑运动是分不开的。在社会持续发展的大背景下,"职业病"与"文明病"成为人们健康的首要敌人,人们愈发意识到健康对自己是多么重要,越来越多的人开始认同"生命在于运动"并付诸实践。在日常的工作生活中,人们逐渐将休闲体育的价值和意义放在更加重要的位置,在闲暇时间开始参与到多元化的休闲体育活动中,尽可能消除运动量不足产生的消极作用。参与内容和形式具备多元化特征的休闲体育活动,有助于愉悦身心,保持并提高健康水平。

总而言之,休闲体育活动积极影响大、对身心有益、愉悦身心作用显著。休闲体育之所以不断受到人们的重视,同其自身所具备的特点密切相关。总体来说,我国在竞技体育、学校体育、群众体育上的发展均有不同程度的强制性色彩,而实践则要求过去闭塞的体育环境向开放体育、计划体育、市场体育过渡和转型。针对这种情况,"终身体育"与"健康第一"的观念逐渐成为人民群众的主流体育观念。"终身体育"的理论与观念之所以能被人们广泛接受,与人们对于健康的需求密不可分。它作为一种理论基础,能够积极推动群众提高自我的健身意识。此外,在实践中可以看出,休闲体育以其趣味性与娱乐性极大地吸引着大众的目光,从而促使人们产生了强烈的休闲体育健身的欲望。需要补充的是,休闲体育活动内容丰富,形式多样,且对运动设施要求较低,一般规模的运动场地即可满足活动需求;在技术动作上,硬性要求较少,参与者可以自娱自乐,与朋友、伙伴进行互动参与也是可以的。参与休闲体育的过程中,运动者的身份、地位、职业、性别、年龄等方面不受限制,男女老幼均可在参与过程中体会到休闲的快乐。人们参与休闲体育活动可以走出以工作为主的单调生活,也能够更加深刻地体悟到生命的意义,从各方面体验到生活的乐趣,由此为具备终身体育意识打下良好的基础,成为终身体育的践行者。

二、我国休闲体育产业的发展历程

我国休闲体育产业的发展大致经历了三个时期,分别是探索期(1979—1992年)、初步发展期(1992—2000年)和全面发展期(2000年至今)。通过对我国休闲体育发展历史的整理,可以发现,我国休闲体育发展与国家经济发展密切相关。

(一)探索期(1979—1992年)

在改革开放以前,我国一直采取计划经济体制。在这个体制下,我国体育产业发展得相对平淡,特别是在"文革"时期,我国休闲体育产业还出现了停滞和倒退现象。1978年,十一届三中全会胜利召开,我国开始实行改革开放政策,国家经济发展迈出崭新步伐。从此,人民生活的水平迅速提高,人们开始关注体育运动。1984年洛杉矶奥运会上,许海峰获得了新中国第一枚奥运金牌,点燃了国人心中对体育的热情。此后,中国女排创造了"五连冠"的奇迹,更是让体育运动的魅力深入到每一个中华儿女的心中。随着国家经济的发展,老百姓的日子越来越好,电视机走进了千家万户,逐渐成为我国群众的家庭必需品。中央电视台开始转播或播出一些高水平的体育比赛,如世界杯足球赛、意大利足球甲级联赛、NBA 篮球赛,我国群众开始体会到高水平体育赛事带来的魅力与激情。从此,我国形成了一批又一批的"体育迷",这使得体育竞赛表演也积累了土壤。民众不仅积极观看各种体育赛事,而且也积极地参与一些休闲体育活动。在这一阶段,西方国家流行的休闲娱乐体育也逐渐传入中国,如交谊舞、霹雳舞、旱冰。一些发达的城市开始出现了体育场地租赁、体育健身指导、体育技能培训等服务,体育娱乐市场初具雏形。

20 世纪 80 年代,职工体育在我国体育产业发展中是一个亮点。当时人们的精神文化生活十分匮乏,因此企事业单位纷纷举办形式多样的休闲体育活动,号召职工参加。此时,在酒足饭饱后观看职工体育比赛是一种很流行的体育休闲方式,这在实质上也促进了我国休闲体育的发展。总体来讲,休闲体育产业在此阶段处于一种摸索的状态。当时国家鼓励体育系统中有条件的事业单位尝试多元化经营,扩大服务范围,积极增收节支,提出体育场馆要"以体为主、多种经营",由事业型向经营型转变。各地体委充分利用体育场馆开设舞厅、健身房和台球室等。在体育用品市场上,销售的体育用品主要是一些国有企业生产的衣服鞋帽,价格低廉,质量一般,缺乏专业实用性。从 20 世纪 80 年代开始,逐渐有以生产销售体育用品为主要经营业务的体育企业,一些专业运动员所使用的装备与服装也能在市场上买到,但普通老百姓一般都买不起。

综上所述,这一时期真正参与休闲体育活动的人并不多,大众表现出参与休闲体育活动的愿望,但可供选择的体育项目非常少,休闲体育产品也十分匮乏,没有专业化的体育企业进行市场开拓,群众只能参与一些相对简单的休闲活动。

(二) 初步发展期(1992—2000 年)

1992 年,邓小平同志发表了南方谈话,确立了社会主义市场经济体制的主体地位,国人对改革开放的信心更加坚定。体育体制也进行了改革,引入市场经济的运行机制。1993 年,国家体委制定了《关于培育体育市场,加快体育产业化进程的意见》,提出了体育要"面向市场,走向市场,以产业化为方向"的发展思路。1995 年,国家体委颁布了《体育产业发展纲要》,确定了体育产业的类别,确立了体育产业的发展目标。同年,国家体委颁布《全民健身计划纲要》,使得体育产业的发展成为国家政策,从而推进了体育管理由国家主导到社会化参与,一些体育项目开始沿着市场化的轨道前进。伴随我国经济的腾飞,老百姓的余暇时间也不断增加。1995 年,我国正式实施五天工作制;1999 年,又相继开始实施春节、五一和十一长假制度。所以,实际上我国民众在一年有大约 1/3 的天数是在假期中,普通百姓如何利用好这些余暇时光就成了一个不能回避的问题。随着时间的推移,自愿选择参与休闲体育活动,进行休闲体育消费逐渐成为人们度过业余时间的主要方式。例如,1998 年全国足球甲 A 联赛的门票收入达到了 1 亿元,整个甲级联赛有 580 多万观众到现场观赛;全国男子篮球甲 A 联赛的现场观众总数达 62 万,门票收入 1401 万元;全国排球联赛现场观众超 50 万,门票经营收入达 1200 万元。这一时期我国深化改革开放,北京、上海等一线大城市已具备现代化的发展形式,一部分率先富裕起来的人们开始尝试各种休闲体育消费。体育娱乐市场很快形成了规模;体育彩票市场从无到有快速发展;体育用品市场开始活跃起来,诞生了一大批专门生产体育用品的企业,一些优秀的体育用品生产企业进入到快速发展的阶段;而伴随着职业联赛的开始,体育中介市场也开始显现。据统计,1998 年,全国体育消费总额达到 1400 亿元。在这一阶段,我国休闲体育产业发展具备如下特点:民众的余暇时间增多;体育资源的配置从国家统一分配逐步转变为市场化配置;各种体育市场形成了一定的规模,休闲体育产业迅速发展壮大。

(三)全面发展期(2000 年至今)

2000 年,国家体委颁布了《2001—2010 年体育改革与发展纲要》,提出了体育产业要以"以体为本,全面发展"为指导思想。随后,我国调整了产业结构,加大第三产业的比重,这就促进了休闲体育产业的发展。这一时期,休闲体育产业继续呈现出市场化的发展特征,国有体育企业的数量锐减,而民营、外资和中外合资企业逐渐发展为休闲体育产业的主要力量。休闲体育产业规模继续扩大,大众休闲体育消费不断增长。21 世纪初,我国人均 GDP 达到了 856 美元,这说明我国已摆脱了贫困,国民生活基本上达到了小康水平。2001 年,我国成功加入世界贸易组织,打开了我国经济飞速发展的大门。经济全球化的趋势催生了以民营企业为代表的一大批出口外贸型企业,为国家经济发展作出了贡献,外汇储备也大幅增加。2000年到2008年,我国GDP每年以10%以上的速度增加,从2000年的1万亿美元增加到2008年的4.3万亿美元。民众收入的增加直接改变了其消费结构,把更多的目光投向休闲体育消费,用于休闲体育活动的资金明显增加。2008年北京奥运会的成功举办,为我国休闲体育的发展注入了新的活力。我国体育产业发展进入了一个全新的时代,休闲体育产业与国际接轨,带动大规模投资与更多的休闲体育消费。2015年以后,我国体育健身休闲产业的发展速度持续加快。在广大群众的物质生活条件有了更大的改善、闲暇时间持续增加、思想观念持续转变的情况下,我国国民不仅把休闲体育消费放在国内,甚至走出国门,去国外观看高水平的体育赛事,进行休闲体育消费。一些专门运作国外体育观赛的企业应运而生,这为我国休闲体育的发展注入了很大的活力。在"一带一路"倡议背景下,我国当前有体育产业经营性机构2万多家,总投资额超过2000亿元,年营业额超过了600亿元。而"花钱买快乐""花钱买健康"成为一种时尚。在商业发展的持续带动下,休闲体育产业以高姿态持续发展,广大群众逐渐形成运动消费观念。这对广大群众提高身体素质和生活水平具有积极影响。我国休闲体育的产业化与设施持续完善进一步提升了休闲体育的参与人数。我国体育健身休闲产业继续处于全面发展期。

三、"一带一路"倡议背景下我国休闲体育产业的发展现状

我国休闲体育产业在很多方面已经取得一定的成就,具体表现是休闲体育市场体系基本构建起来,市场规模得到一定的拓展,体育健身服务的多元化发展和经营连锁化发展走向愈发明显,体育经济法治建设力度越来越大,市场管理朝着规范化方向发展,体育人口数量明显增加,休闲体育产业促使国民经济增长的幅度越来越突出。

(一)体育健身休闲市场体系基本形成

判断一个国家体育产业发展程度的关键性依据之一就是体育市场体系是否健全。现代体育市场体系具有多元化的特征,主要由体育用品市场与体育服

务市场组成。体育市场体系由很多相关市场组成,具体指体育用品市场、休闲健身市场、竞赛表演市场等。20世纪80年代初,我国休闲体育市场开始萌芽,此后历经三十多年的发展,成为一个崭新的市场格局。这个市场格局具有以下几个方面的特征:各休闲体育机构是平等竞争的关系;社会主义市场经济为主体,多种所有制并存;投资主体来自各行各业,不一定是体育行业;健身运动营养补品市场与体育健身休闲用品市场(以体育健身市场为主体和核心)等共同发展;休闲体育市场提供低、中、高三个不同档次的体育服务产品。

(二)体育健身休闲产业的市场规模不断扩大

目前,我国有3亿多人经常参加不同类型的体育健身休闲活动,所有居民平均每人参加的体育活动项目为3.45项。相关调查显示,在健身俱乐部进行运动健身的参与者每次消费额是逐年攀升的,在发达地区,人们常常会把家庭收入的很大一部分用于健身消费。这些数据进一步说明,我国休闲体育产业的市场规模正在朝着持续扩大的方向发展。

(三)体育健身服务更加多元

目前,我国有多种类型的休闲体育健身中心和健身俱乐部,这往往可以给予消费者很大的选择空间,多种休闲体育健身服务项目可供消费者挑选,例如有氧健身操、器械健身操、有氧搏击操、形体训练、体育舞蹈、保健按摩、羽毛球、台球、保龄球、瑜伽、网球、武术以及游泳。这些健身机构不仅设置了多样化的健身项目,而且能够为消费者提供多元化的服务。在"一带一路"倡议背景下,我国的休闲体育健身中心能够向消费者提供运动服务、健美服务、健身服务、美容塑身服务以及康复服务等多项服务,还有一些其他的服务项目,如咖啡屋、茶馆、舞厅、书刊室以及桑拿浴。如此可以尽可能满足各个社会阶层的人在娱乐休闲、健身健美、社交等各个方面的实际需求。

(四)积极加大体育经济法治建设力度

从根本上说,休闲体育产业的发展和体育市场的运行都要依靠法治建设,都需要在市场秩序规范化的前提条件下进行。自20世纪90年代以来,我国体育产业方兴未艾,相关部门逐步确立并加强体育经济法治建设,相继制定了一些全国性或地方性的法律法规,其中,《公共体育文化设施条例》《全民健身条例》《体育法》等是代表。除此之外,我国积极调整和优化休闲体育从业人员的资质认证制度和体育市场准入制度,这将进一步加强体育市场管理,并产生显著的规范作用。因此,包括休闲健身产业在内的休闲体育产业的各个环节将受到法律的制约与保护。

(五)连锁化经营模式的发展速度持续加快

1999年,连锁经营模式被正式引入我国,运用在健身俱乐部上。在此之后,很多影响力巨大的发达国家体育健身企业进入我国的休闲体育市场。这些体育健身企业为了在短时间内追求更大的市场份额,纷纷采取连锁经营的方式进行经营管理,取得了不错的效果。此后,越来越多的健身企业开始效仿该方式,也采用连锁经营的经营管理手段,想让自身得到更大的发展。一些影响力大的体育健身企业在我国市场站稳脚跟后,持续扩大规模,凭借连锁经营的手段获取更大的市场,在最短时间内获得了更大的影响力和知名度,推动了体育市场集中度的发展进程。对国外体育企业在短时间内占领我国市场的现象进行分析后发现,这些企业之所以能迅速占领市场,主要原因有资金实力雄厚、知名度高、品牌口碑好、经营管理水平高、理念紧跟时代潮流等。

(六)市场竞争日趋激烈

自我国加入世界贸易组织后,国内经济的大门向全球打开,经贸领域合作不断加深。国外知名体育健身企业进入我国后,产生的影响既有正面的,也有负面的。具体来说,正面影响是指知名企业进入我国能带来先进的休闲体育理念和经营理念,有效推动我国休闲体育产业的发展进程;负面影响是指国外企业的进入会加大休闲体育市场的竞争,挤压国内企业的生存空间,同时由于各个企业的服务产品大同小异,对顾客产生的吸引力是十分接近的,这些企业常常以价格手段来吸引消费者,这就造成我国体育健身市场出现秩序混乱的现象,随之产生很多恶性竞争。这些方面的因素大大增加了我国企业经营风险。

(七)体育产业结构发展缓慢

在"一带一路"倡议背景下,体育产业的发展实际上也推动了我国国民经济的发展进程。体育产业的健康发展与国民收入不断提高也是有一定关联的。有关调查表明,体育产业的发展速度比国家经济增长的速度还要快,但我国体育以及相关产业增加值的构成依旧有很多不合理的地方,各个方面有发展不平衡的现象,实际上休闲体育产业的发展速度是慢于其他体育产业的发展速度的。目前,休闲体育市场依旧有很大的潜力和广阔的空间,所以应当对休闲体育产业进行更多的尝试与探索,从根本上加快休闲体育产业的发展速度,促使其为我国国民经济的发展贡献更大的力量。

第六章 | 体育文化与交流

　　什么是体育文化？为什么说体育是一种文化？体育文化的价值有哪些？把体育当作一种文化来看待，是为了更全面地认识体育的价值。中国的传统体育项目，如武术和气功，是最能体现体育的文化价值的。武术分门派，各门各派都有自己的伦理原则和行为规范。练气功需要宁静淡泊，涵养性情。这些都有浓郁的伦理道德色彩和教育作用。武术可以打擂台，有竞技比赛的作用。武术和气功可以健身，可以娱乐，可以治病，可以表演，甚至还可以成为职业。从这些意义上说，武术和气功在我国体育文化中是处于领先地位的，已越来越受到世界各国人民的喜爱。

第一节　体育文化

　　体育文化是人类关于体育运动的物质、制度、精神文化的总和。它涵盖了人类的体育认识、体育情感、体育价值、体育理想、体育道德、体育制度和体育物质条件等。体育文化这一概念不等同于体育运动的定义。

一、体育文化的几层意义

首先,体育运动不是简单的身体活动,它是一种文化现象。

其次,体育活动的产生具有自身的文化背景,需要我们研究与探讨。

再次,对体育运动与文化的关系、体育运动的文化意义的研究,可以帮助我们确立体育在人类文化大系统中的地位。

最后,人类应自觉塑造具有独立形态价值的体育文化。著名人类学家鲁斯·本尼迪曾说过:"文化就是通过某个民族的活动而表现出来的一种思维和行动方式。"体育之所以被称作文化,第一,因为体育运动本身是人类创造的、后天习得的、具有非遗传性的身体活动。它不是动物本能的肢体活动和嬉戏,而是人类思维方式的表达和传递。因此,我们说体育的产生具有文化意义。第二,如前所述,体育运动具备文化的各种特质。体育不仅具有外在的身体活动形式,以及设施、器材等物态体系,而且具有内在的价值观念、意识形态、行为规范等心路历程,以及心物结合的中间层次的内容。第三,体育是人通过自身的活动改变自身的自然属性和社会属性,实现自身自然价值和社会价值的转变。体育本身已超过了物质文化体系,成为社会上层建筑的一部分。第四,体育运动的发展历程,表达了文化的时代性、民族性、继承性、世界性、阶级性等。新一代智慧体育融合了人工智能、物联网、移动互联网高新技术。体育文化是人类文明的成果,为人们的身心健康和社会的政治经济发展服务。

二、体育是人类特有的社会文化现象,体育的本质就是文化

了解了体育文化的内涵,应该明白一个道理:发展体育文化工作,应该贯彻全面发展的原则。其全面性表现在以下诸方面。

首先,体育文化不仅要反映体育器材设施、体质健康等物质层面,还要反映知识、技术、规则和制度等非物质层面,更要反映智慧与精神层面的成果。

其次,发展体育文化不仅要立足于中国体育文化,还要着眼于欧洲体育文化、美洲体育文化、日韩体育文化乃至世界各国及区域的体育文化,要研究体育文化之间相互接触、碰撞、交流、吸收、融会贯通的规律及特点。推进中国体育文化既要保留自身特色,又要兼收并蓄。

最后,中国体育文化不仅要反映全民健身,还要反映竞技体育;不仅要反映奥运项目,还要反映非奥运项目;对奥运项目不仅要反映优势项目,还要反映非优势项目特别是新兴项目。体育文化的内涵,自然要体现这种全面性。

(一) 体育文化定义

体育文化即以强身健体、振奋精神、建立积极生活方式为主旨的体育运动及其产生的物质与精神成果的总和。

(二) 体育文化的形态

包括亚里士多德在内的古今许多学者,把人类的智慧分作了三大类:技艺、实践理性和纯粹理性。技艺是人类自诞生之日起就具有的智慧类型。原始体育活动属于自然体育形态,它融于生产劳动、医疗保健、宗教祭祀、原始教育、闲暇娱乐及战争之中,渗透于原始蛮荒时代的一切活动中,不能形成独立的文化形态。

现代体育文化是在西方工业革命和欧洲文艺复兴运动的文化背景下产生的,其宗旨在于锻炼身体,增进身心健康,维护社会稳定,发展体育理想和体育意识,其体育行为特征主要是群体性竞技、个体性保健以及各种娱乐活动,目的主要是实现身体、心理、群体的和谐发展,提供和造就时代所需要的高素质社会成员。

第二节 "一带一路"倡议与体育文化发展的关系

曾对世界政治、经济、文化交流产生过重大影响的丝绸之路复兴成为世界瞩目的焦点。丝绸之路历经千年沧桑之后,再度迎来新的发展机会。世界各国为了自身的利益纷纷提出了新丝路构想。习近平主席在出访中亚和东盟国家时,先后提出了建设"丝绸之路经济带"、建设"21世纪海上丝绸之路"的合作倡议。

一、我国"一带一路"倡议,深入融合了国际合作通道,产生了符合时代和世界潮流的发展构想

在庆祝中国共产党成立 95 周年大会的讲话中,习近平总书记对文化自信特别加以阐释,指出"文化自信,是更基础、更广泛、更深厚的自信"。"一带一路"建设是带动地区建设、促进人文交流的重要枢纽,并非引发文化矛盾的障碍。"一带一路"倡议在沿线国家的体育文化交流中具有举足轻重的作用,不同国家的文化、信仰相互交融、相互借鉴,为各国的全面发展提供可能。对体育文化建设而言,"一带一路"倡议打通了我国与丝路周边国家之间的大动脉,有利于共建体育文化工程。改革开放以来,我国一直致力于发展体育强国构想,不断加强对外体育文化交流,积极参与各种类型的国际赛事,并取得了不错的成绩。随着世界全球化的快速变革,体育文化受到国外不同体育文化的冲击,体育文化的发展更需要现阶段与长期发展相结合的构想研究,创新发展成为不可阻挡的潮流。体育文化属于中华民族文化中的一部分,其中不仅包含了丰富的文化底蕴,也包含了浓厚的人文气息。"一带一路"倡议正是中国为了应对全球迅速的变化,兼顾国际以及国内的两大格局,促进国内外的体育文化交流,构建全面开放、共享的新格局的有效举措。共建"一带一路"完全符合现代国际社会的根本利益,不仅彰显了人类对和谐社会的美好追求与期盼,也反映了中国对维护世界和平、推动世界体育文化交流的热忱。体育文化建设作为国家发展的重要内容,是一项长期而艰巨的任务,而"一带一路"倡议的实施恰好给体育文化发展和传播提供了良好的平台。

二、"一带一路"倡议的提出,为我国体育文化发展提供了历史机遇,"一带一路"倡议下体育文化发展有利于提升国家文化竞争力

"一带一路"倡议的提出,与 21 世纪以来国内外各种政治、经济、文化交流的共同作用密切相关,是以中国综合国力复兴、周边政治环境改善、沿线经济纽带强化等一系列进展为前提的。同时,新丝路的提出为我国体育文化发展提供了历史机遇,对提升我国文化竞争力创造了条件。习近平总书记指出,社会科学前沿"提高国家文化软实力,关系两个一百年奋斗目标和中华民族伟大复兴中国梦的实现"。相对于军事、经济等"硬实力"的竞争,当今社会文化"软实

力"显得极为重要。虽然我国拥有几千年的文化底蕴,但还不属于文化强国。在如今全球化时代,国家间不仅仅有军事、经济的竞争,更多的是文化的碰撞与较量。体育作为文化沟通的重要载体,同样是全球性具有发展潜力的新兴产业,对国家竞争力的提升和综合国力的提高皆具有深远影响。在"一带一路"倡议下推动我国在丝路周边推广体育文化的机遇和挑战并存。难得的历史机遇为我国建立创新型体育强国,在世界上产生改革性的国际影响提供了可能。体育作为文化传播的一种特殊形式,在世界上的影响力是极其深远的。在如今全球化时代,体育文化也是展现国家综合实力的评定标准之一。不论是体育赛事还是体育文化交流,体育文化的发展都是"一带一路"倡议实现的重要途径。要想进一步加快在丝路周边的体育文化建设,就需要悉心经略,充分发挥体育文化优势,为新丝路建设做基础、打先锋、造机遇、谋发展、创新章。在"一带一路"倡议之下,不仅要"走出去",还要"引进来"。作为倡议提出国,我们要有大国风范,积极与沿线国家和平交流、互学互鉴、互利共赢,展现强国之风范,吸取国外文化之精华,完善自身的不足,为提升国家竞争力提供更大的助力。因此,"一带一路"倡议会给新丝路体育文化建设带来新思路与新理念。

体育文化促进文化认同,增强文化自信。丝路文明具有宽广、深厚的内涵,在政治、经济、文化等不同层面发挥着主导作用。历史上它可以体现为举足轻重的国家安全发展选择,可以被当作丝绸之路文化深度交融的融合剂。"一带一路"倡议的提出和推进将成为构建对外开放新格局、引领我国经济进一步融入世界的强力引擎,为我国在丝路周边建设体育文化提供全方位的开放机遇。加速我国在丝路周边的体育文化建设,需要充分利用各民族体育文化的同源、相似等特点,适时制定适应沿线各国居民的体育文化心理、体育文化需求以及体育文化市场的发展机制。体育文化是一种无形的状态,对于体育文化的建设和发展,我国应该做好体育文化知识产权的保护。区域体育文化存在一定的差异性,每个国家都有自身的优势体育和弱势体育。要通过各民族体育文化的认识和实践过程,创造出独树一帜的体育文化,进而推进体育文化的发展。体育文化建设不仅有利于民族团结,维持社会安定、和谐、共同繁荣,还可增进各民族的文化交融。各民族文化的碰撞和交流并不是为了消除文化差异,而是为了整合差异,使文化在交流之中有序地发展。同时在各民族文化互融过程之中,要吸取文化精华。在"一带一路"倡议下,要实现对沿线国家体育文化的推广、交流,营造出良好的体育氛围,彰显文化自信。

三、在"一带一路"倡议下,我国体育文化发展面临严峻挑战,国家层面的跨部门协调力度不够,给体育文化建设造成了一定的障碍

"一带一路"倡议全面推进的初期必然会异常艰难,挑战也是非常严峻的。这时不仅要读懂中国,而且要看清世界,对潜在的国内挑战和国外风险进行评估研究,为推进体育文化建设做充足的准备。目前,有很多城市宣布自己为新丝路的起点。由此可见,各省为了抢占支点都在占先机、抓资源。对于跨地域、跨部门的全国"一带一路"倡议协调机构分工还不够明确,细节管理和细节设计存在不足,制度化建设水平有待提升。

四、"一带一路"倡议下体育文化发展要转变发展理念,积极主动应对挑战

在"一带一路"倡议下,应对国内挑战和国外风险是体育文化建设面对的首要难题。当前面对的挑战众多,不处理的话会成为体育文化建设的绊脚石。应当转变发展理念,适当提高风险意识。目前我国在丝路周边的体育文化建设相对较慢,其中一个很重要的原因就是跨部门协调力度不够,不能审时度势地形成有效的合作发展机制。转变发展理念,将国家以及各地方政府对待丝路体育文化建设的策略进行升级,并将具体的发展规划提上日程,制定完善的法制体系,可为丝路国家合作与交流提供可靠的法律保障。和沿线国家文化交流的同时,不仅要保留我国原有的体育文化功能,还需进一步加以完善。不仅要对沿线国家优秀的体育文化进行吸收,还要从中认识到本质并加以创新。体育是一种超越意识的文化,首先是对自身原有技能的超越,其次是对社会群众体育技能和健康水平的超越,再次是对同时期、同地区最高健康水平的超越。要深入宣传和解释新丝路的建设原则,同时避免过度宣传造成的不良影响,让丝路周边国家适应中国发展的新常态,以中国特色新思路促进丝路周边国家体育文化建设。我国与丝路周边国家近几年的文化交流形式越来越新、内容越来越多、规模越来越大。新时代,我国仍需立足于现有基础,发掘体育文化新内涵、新内容、新方式,深入开展与丝路周边国家的体育文化展览、体育文化旅游等项目。

要加大信息技术与制造技术的深度融合,充分运用互联网,使特色体育项目成为体育文化产业化发展的突破口,引领特色体育文化产品智能制造,实现与市场的融合。要重视国际资源的全方位、多渠道动员和使用,调动沿线国家社会层面的积极性,提出和确立有利于自身和周边国家体育文化建设的新规则、新模式和新秩序,通过对规则体系的最大化把握来降低风险策略、规避风险直至排除风险,真正实现体育文化又好又快地发展。"一带一路"倡议倡导的是共商、共建、共享原则,这也说明了中国并不是与丝路沿线国家争利益,而是为了双方更好地发展。在国内可以通过举行各种形式的体育赛事,鼓励和激励人们的参与积极性,由此来提高人们对体育文化的重视程度,使之意识到保护和传承的重要性。

在"一带一路"倡议背景下,将体育文化在沿线国家进行延伸,可通过举行运动赛事和活动带动其他体育运动的发展,有助于国家之间体育文化的交流与合作,增进了解。体育作为文化的一种,将为建设"一带一路"继续发挥重要作用。"一带一路"倡议之下,体育文化在沿线国家深入建设,不仅加深了各国之间的文化联系、建立了深厚的友谊、完善了自身,而且有助于文化的传播交流,实现文化资源的国际化和共享化。建立体育文化保护机构体系,可以有效监督各地方文化互相统一。体育文化的保护和传承不仅体现了民族团结,维护了国家统一,还可以增强民族自信心和凝聚力,促进体育文化建设。"一带一路"倡议是一项伟大的世界性工程,是顺应经济全球化潮流的广泛国际合作平台。法国总统中国事务特使、前总理拉法兰在接受记者专访时表示,"这是一个开放共赢的中国方案,为世界和平与发展带来启迪和希望"。中国崛起是体育文化国际传播的动力,而"一带一路"倡议是体育文化国际传播的突破口。

第三节 "一带一路"建设与体育文化

一、"一带一路"建设的含义

"一带一路"倡议顺应世界多极化、经济全球化、文化多样化、社会信息化的潮流,秉持开放的区域合作精神,致力于维护全球自由贸易体系和开放型世界经济。在有效的区域合作平台的协助下,"一带一路"倡议借鉴古代丝绸之路的历史象征,高举和平发展的旌旗,建立和加强沿线各国互联互通伙伴关系,一起创造利益共同体、命运共同体和政治互信、经济一体化、文化包容的责任共同体。"一带一路"倡议始终秉持共商、共建、共享的原则。可见,"一带一路"倡议的提出反映了我国和平发展的美好愿望,大力推动了我国民族复兴与体育文化的传播,也是我国体育文化传播的突破口。

二、体育文化的含义

文化是社会存在的现象,是人们长久发明和形成的必要产品,也是社会历史现象。而体育也是社会中人们参与的活动,由此形成了体育文化,也是一种社会现象。随着体育事业的不断发展,体育文化将拥有更高的平台。

体育文化广义上来说是指人类在历史发展进程中,在体育方面创造的一切物质文明与精神文明的总和。根据人们对体育文化的理解,体育文化由三个子系统构成。首先,深层结构是与体育有关的哲学思想、价值判断、健康观念、美学等意识形态,它主要是确定体育文化所具有的文化基础、原则和方向;其次,中间结构由一系列与体育相关的结构组成,决定了体育文化的组成结构;最后,外层结构通过中层组成结构在实践中践行体育的深层概念,体现了体育文化的形式和特色,如具体的健身行为、体育比赛、体育设施设计。表层操作系统是体育文化的具体实现方法。

三、"一带一路"建设与体育文化之间的关系

"一带一路"建设的实施和周边国家的积极参与,为沿线国家之间的融合发展提供了更好的交流方式。体育文化是我国当今发展的一项重要文化内容,其传播是一项艰巨的任务。因此,体育文化可通过"一带一路"倡议开展与他国文化的交流合作。同时,"一带一路"倡议沿线文化的发展为体育文化国际交流传播创造了良好的气氛,为体育文化的实践提供了丰富的经验。

中国的体育文化主要包含三个方面:体育精神文化、体育制度文化和体育

物质文化。体育精神文化是体育的抱负、信仰、感情和体育知识、体育伦理与体育美学的象征。体育精神文化居于文化结构的最深层,在体育运动中不断提升和规范人民群众体育文化的行为和思想是体育工作指导和社会主义精神文明建设的重要组成部分。体育制度文化主要包含三个方面:体育系统、体育组织和体育法律法规。它是实现体育目标的组织保障,包括国家文体、体育运行机制和体育管理体系。体育组织主要包括政府机构、群众体育机构、国家学术组织和体育协会。体育法律法规是引导体育活动和体育比赛的正规性文件。体育物质文化居于体育的最底层,主要指体育设施等。

四、"一带一路"倡议对我国体育文化传播的影响

(一)"一带一路"倡议背景下的我国体育文化传播新形势

"一带一路"倡议的提出给我国体育文化传播提供了新的途径。体育文化是我国文化的重要组成部分,在增强民族体质、展现国人形象和精神面貌方面起到了重要作用。在经济和文化平衡的状态下,"一带一路"倡议为体育文化的传播提供了有利条件。

2008 年北京奥运会给中国提供了重要的发展契机,为中国体育文化与世界体育文化交流创造了良好的环境,促进了国与国之间的沟通。同时,它还提升了中国在国际体育组织中的影响力,使得中国体育文化进一步走出国门,更好地向世界展示了中国的体育精神。因此,笔者认为体育文化应搭乘"一带一路"倡议的快车,在"一带一路"建设的过程中,实现与其他各国的体育文化交流,秉承共商、共建和共享原则,让我国体育文化更好地"走出去"。

(二)"一带一路"倡议下我国体育文化传播价值

"一带一路"倡议推动了国与国之间的体育文化交流。2018 年 6 月 27 日上午,广州大学举办了丝路大讲堂——丝路城市与体育文化发展专题。有关专家和 12 个国家的留学生代表等共 300 多人出席,共同交流、讨论体育文化与体育发展,推进"一带一路"体育文化交流与体育产业发展。其中,十届全国工商联副主席、丝绸之路青年论坛顾问委员会副主席沈建国提出:体育和健康是人文交流的重要内容,是推动"民心相通"的重要载体,也是"一带一路"沿线国

家易于交流合作的领域。

体育是人类生活中不可缺少的部分,也是人类共同的语言,不同文化形态下的运动项目都体现更快、更高、更强的体育精神。"一带一路"倡议增强了我国体育文化传播的力度。因此,我们要推动"一带一路"体育文化和体育产业的发展,建设体育强国,为实践中华民族伟大复兴凝聚强大动力和磅礴力量。

"一带一路"是一条互尊互信之路,一条合作共赢之路,一条文明互鉴之路。它不仅能促进经贸繁荣,还可以加深社会人文层面的交流。所以说,经济带也是文化带,既亘古悠远,又面向未来。体育是文化交往的重要媒介,体育文化不断激励着人们奋发向上、顽强拼搏,蕴含着热爱生活、尊重他人、服务社会的丰富价值内涵。体育交流能促进体育文化的发展,增进各个国家和地区之间人民的友谊,更是区域经济合作的重要推动力量。当前,中国正在向文化强国迈进,迫切需要文化的力量作为支撑,需要文化的繁荣增强综合实力。

第四节　体育文化产业

一、体育文化产业的内涵

(一) 体育与社会发展

体育文化是社会文化发展的表现,因此体育与社会发展之间的联系十分密切。社会发展一方面是生产力的发展,另一方面是生产制度的完善。体育活动从产生起就伴随着众多规则,规则可以约束人类的行为。当今世界,体育运动的核心规则是平等公平原则。通过多项体育运动的开展,这样的理念已经深入人心。平等公平也是社会文明发展的重要原则,因此体育文化促进了社会文化的繁荣。

(二) 体育与个人全面发展

当今社会倡导全民参与,体育活动不是某个阶级的专属,而是属于全体人民的平等公平的活动。当今社会体育文化的理念已经深入人心,人民群众意识到体育活动不仅仅是体力活动,更是一种文化含义。加强体育锻炼,是一个人全面发展的体现。

(三) 体育与世界交流

当今世界是全球化发展的世界,经济、政治、文化领域都已加入全球化发展的浪潮中。在文化领域,体育越来越成为一个国家面向世界展示自身的窗口,成为国家文化软实力竞争的重要因素。

二、体育文化的特性

中国的体育文化有中国特色,是吸收了世界体育文化共性中的精华,同时结合了特殊国情衍生出的特色文化,具有以下特性。第一,管理制度严格。成为专业的运动员之后,运动员需要控制自己的业余生活,不能有不良的生活习惯,时刻注重自己的行为举止,不能做出有损国家荣誉的事情。第二,重视人才培养。我国运动员储备量庞大,专业的体育院校,每年数量繁多的体育比赛,这些都是发掘体育人才的来源。第三,强调拼搏性。中国的运动员都有一种不服输的气质,眼中只有为国争光,因此会展现强大的斗志。近几年来,中国频繁在世界体育竞赛中取得傲人的成绩,不断刷新纪录。第四,拥有坚毅性。中国运动员不怕吃苦、不怕累。在赛场上的时间是短暂的,在场下的时间才是漫长的。赛场上需要过人的抗压能力,而在场下,需要坚持不懈的耐心。因此,中国的运动员和教练在场下默默训练很多年,只为最终能为国争光。

三、体育人文精神建设

(一) 制定总体发展目标

体育人文建设不是一个简单的短期可以完成的任务,需要进行详细而又科学的规划。当前我国体育竞争力已经有了显著提高,但是仍然存在不少问题。我国体育项目发展不均衡,全民参与体育的理念还没有完全深入人心,还有很大的发展空间。因此,我国应该利用已经具备一定规模的群众基础,从全局的眼光看待体育人文精神建设;在全国开展多种类型的体育活动,提高人民的参与度;积极申请承办各项体育赛事,提高知名度;在各大高校、行政机关宣传体育人文精神理念,让有知识的人先接受并践行这种理念,进而推广到更大的人群中去。基层与上级一起行动,全民参与体育与竞技体育同时开展,形成综合的、一体的全局发展构想。

(二) 完善体育人文精神理念

体育人文精神并不是一种固定的理念,在不同的环境下,会有不同的表现。只有深刻研究不同环境下的体育人文精神,才能更好地建设体育人文精神。对于国家而言,体育人文精神应当与体育强国的口号相契合。应鼓励运动员努力训练,为国争光。同时国家要发展体育行业,激发民族自豪感,让更多的民族体育企业走向世界。对于社会而言,倡导公正平等的人文内涵,鼓励体育行业的从业者秉持这样的原则,做好本职工作,让体育行业规范运行,构建和谐的体育发展规则。对于个人而言,发挥坚持不懈、拼搏不息的斗争精神,不断提升自身素质,超越自己。

(三) 继承传统, 开拓创新

中国体育文化中有很多传统的体育精神,我们不能抛弃传统空谈建设。应该始终坚持传统精神中的精华,踏实工作,制订合适的阶段性计划,不能出现空想主义,制订不切实际的计划。应该保留举国发展体育的机制。中国长期以来就强调集体主义,举国体制可以调动一切能够使用的力量,为运动员创造更好的训练环境,帮助运动员取得更好的成绩,这也是社会主义国家的优势。要宣扬奋斗精神,对体育事业怀有极强的热情和积极性,认真工作,有责任意识,愿意为体育事业奋斗终生。要发扬创新精神,借鉴国外的先进制度,再结合我国国情,进行改良。

当今世界是全球化的世界,任何行业都需要具备多重意义,既能表现出民族的特性,也能对外展现出中国的国家符号。体育事业正处于蒸蒸日上的时期,对体育文化发展一定要用更加全面和创新的眼光看待,才能制定更适合体育发展的构想,从而促进我国文化软实力的发展。

四、体育文化产业的发展现状

(一) 体育文化产业的概念

体育文化产业,是指为社会提供体育文化产品的同一类经济活动的集合以及同类经济部门的总和。这里指的体育文化产品包括体育用品与体育服务两个部分。这里指的经济部门在我国现阶段不仅包括生产体育产品的企业,而且包括各种从事经营性活动的机构(事业单位、社会团体、家庭或个人)。具体地说,体育文化产业包括体育文化及相关产业所提供的体育文化产品(如体育音像、图书制品)、体育文化娱乐休闲活动(如体育娱乐活动、体育景点游览服务)、体育文化传播服务(如体育比赛、节目转播及文艺节目表演)等等。综上所述,体育文化产业不仅是为了给国家体育部门增加活动经费,提高部门职工的工资待遇,更重要的是融入国民经济的大环境中,为我国国民经济增加产值,为社会提供更多的就业机会。

(二) 体育文化产业的特征及作用

体育文化产业以体育无形资产为核心,是有形和无形资产的媒介,是通过无形的体育精神和有形的体育物质来获得精神和物质价值的精神和文化的产业。体育文化以它独有的体育精神创造价值。体育文化产业属于精神支撑与物质消耗兼容的产业。它将文化作为发展内核,以满足人们文化需求为前提,所以符合精神支撑产业的要求。它以产品销售和服务居多,具有第三产业的性质。它是物质消耗的产业,可以广泛吸纳劳动力,为社会提供就业机会,拓宽就业的渠道。

体育文化产业是关联面极广的产业。体育文化产业若只依靠生产和提供体育产品与服务,很难满足人们对体育文化无形精神层面以及有形物质层面的需求。这种需求决定了它的发展不可能孤立地只依靠自身。体育活动的开展不仅能促进体育文化产业发展,还能带动第一产业、第二产业的共同发展。

体育文化产业是符合经济全球化要求的国际化产业。从西方发达国家的成功经验中,可以看出体育文化产业的国际化和全球化趋势是历史的必然。这一点在体育用品方面表现得尤为突出。例如,耐克、阿迪达斯这些知名品牌都是体育用品制造经营中的强者,在全球化的背景下逐步发展成为跨国公司。体育文化产业的国际化增强了国际化的竞技活动,加快了人才在国家间的流动速度,使得体育产品和服务更大限度地面向国际市场并加速了其背后资金的国际流动。在全球经济一体化的背景下,更多的体育文化企业走向世界并参与国际竞争,这些都显示了体育运动国际化的深入。当今体育文化产业已经出现全球化和垄断化的趋势。

体育文化产业具有可持续发展的特性,并且是新兴的、附带价值较高、发展潜力巨大的朝阳产业。规模经济是现代经济发展的结果。体育文化产业顺应社会分工以及规模经济的发展要求逐步转变为一个独立的产业,在国民经济中发挥着重要作用,给国家带来巨大经济利益的同时,还对国家体育文化的传播起到了积极的作用。

(三) 我国体育文化产业的发展现状

1. 体育产业发展不均衡

我国人口众多,国民人均收入相对较低,加之地区间发展不平衡,制约了体育事业的发展规模和速度。我国人均体育场地、人均体育消费和经常参加体育活动的人数还处在较低水平,积极参加体育活动的人群大多集中在经济较发达的东南沿海地区。从这些方面可以看出,我们与发达国家相比仍存在着较大差距。近些年国家提倡的全民健身运动虽然取得了很大的成绩,但是有些运动项目却备受冷落,例如田径、冰球项目。

2. 管理水平低,专业管理人才短缺

我国目前体育产业实体中的人才结构不容乐观。体育产业管理人员大多对运动过程比较熟悉,但缺乏对市场运作及规律的了解,体育产业管理水平低下。体育文化产业得不到专业的管理。管理部门通常注重投入,将推广体育赛事、吸收赞助、引进资金视为体育产业的重头戏,且大部分体育产业部门都停留在体育相关产业甚至外围产业上,局限性很强,思路没有打开,没有注意到体育作为一种文化所具有的独特的精神经济和知识经济价值,并没有放到市场的格局上去思考问题,从而忽略了体育文化产业的发展与传播。

3. 竞争力差,品牌效应不足

目前,国外体育企业已经涉足我国体育文化产业的各个方面。首先,从体育用品行业来看,全世界著名的体育用品公司都在中国设立了集生产、营销于一体的企业,如耐克、阿迪达斯、彪马、锐步等国际知名品牌与匹克、安踏、李宁等国产品牌进行竞争。单从企业规模和品牌的知名度来看,国内的企业与国外同行相比还有差距。其次,从体育中介来看,国外经济实力雄厚的体育中介公司也纷纷抢占国内的体育中介市场,几乎包揽了国内重大赛事的经纪代理业务,国内为数不多的体育中介机构单从资金方面就无法与其竞争。

4. 传统经营观念占主导,缺少市场化的观念

我国体育文化产业运行过程正从政府行为向企业行为转变。后者带有浓厚的市场经济成分,但现实中政企不分的现象依然存在,致使企业在与体育部门联合办体育的过程中某种程度上仍带有计划经济时代的烙印。

5.居民消费水平低

我国居民文化消费水平偏低。当前受国际经济大环境的影响,我国经济运行的主要问题是内需不足,经济的增长主要靠投资和出口拉动,消费对经济的贡献率呈下降趋势。在有限的消费中,居民除了解决基本的温饱问题以外,文化消费较少。文化消费中所占比例最重的就是教育,占总消费额的一半之多。

(四) 更好地将体育文化当作国家产业做大做强的对策

1.人才的培养

一流的硬件必须要有一流的人才来运用,专业的人才对产业的发展起到重要作用。我国发展体育文化产业最缺乏的就是体育产业专业人才,特别是掌握体育发展规律、具有长远的投资眼光和市场预判能力、能够把握体育产业发展趋势、懂得体育产业管理、熟悉体育产业经营的复合型人才。首先,我国应尽快完善人才培养和激励的机制,加强体育文化产业相关人员的引进和培养。其次,体育类高校应该针对社会需要,有的放矢地培养这方面的专业人才,以满足体育产业化的需要。

2. 创立自主品牌，创新思维，开拓市场

首先，树立品牌意识，严格掌控企业内部的质量关。企业想生存，靠的就是质量和信誉。企业产品质量的优劣，决定一个企业是否有良好的信誉。如果质量得不到保障，那么企业的信誉度就会逐渐淡化直至消失。同时，有选择性地加强同国外友好文化机构的合作，利用其优势营销渠道，向全世界传播我国独具特色的优秀民族体育文化。其次，坚决维护体育企业自身的知识产权。

3. 体现生态体育的价值诉求

历届现代奥运会场馆设施无处不体现着生态体育所赋予的责任和使命，从场馆设施上面完美地诠释了生态体育理念。现代奥运会应当表达促进人与自然和谐的价值诉求，成为宣传、推广和普及环保知识的重要平台。要充分利用奥运会的影响力和号召力对人们进行环境保护的教育，提高人们的环保意识。奥运会应继续积极推行"瘦身计划"，不仅从比赛项目控制上瘦身，而且应当控制能源消耗，减少对生态环境的压力。只有将浅层生态体育理念渗透到奥运会的方方面面，生态体育的浅层次和深层次的理论诉求才会得到更好的诠释。

4. 优化体育文化产业结构，促进体育文化产业协调发展

首先，建立现代企业制度，使体育文化企业在真正意义上成为自主经营、自我发展、自负盈亏、自我约束的法人实体和市场竞争主体。其次，通过深化改革，促使各类国有文化生产单位逐步建立产权清晰、权责明确、政企分开、管理科学的现代企业制度，建立科学合理、灵活高效的管理体制和经营机制。要运用重组、联合、兼并等手段运作企业，培育和组建体育文化产业集团。

5. 加大对体育设施建设的资金投入

国家应加大资金投入，尽快缩小各区域间体育设施的数量差异。要大力发展以社区为单位的体育设施，倡导以全民健身为指导思想的体育活动进社区，开展多样化的运动满足居民需要，从而正确、积极地引导大众对体育产品的消费热情。

体育文化产业是促进国民经济增长的产业之一，在国家经济发展中占有重

要的地位。它同时也促进了国际交流,加快了我国体育文化产业结构的转型,从而使我国体育文化产业在全球经济一体化的背景下,朝着可持续、健康的方向发展并壮大,为繁荣我国体育事业起到应有的积极作用。

第七章 | "一带一路"倡议背景下我国体育文化传播的指导思想与原则

　　"一带一路"是"丝绸之路经济带"和"21世纪海上丝绸之路"的简称,系2013年习近平主席在访问哈萨克斯坦和印度尼西亚时分别提出的。它以人类命运共同体为目标,同时承载着中华民族复兴、统筹发展的使命。

　　"一带一路"倡议的实施,为沿线国家的沟通交流提供了平台,旨在推动区域内各国共同发展,加强文明的交流与互鉴,打造"政治互信、经济融合、文化包容的利益共同体、责任共同体和命运共同体"。因此,各个国家之间政治、经济的合作以及文化的渗透与融合也成了其中的重要部分。文化展现国家的底蕴,在塑造大国形象方面具有积极作用。

　　中国体育文化立足于几千年文化的历史长河中,是中国文化的重要组成部分。"一带一路"倡议背景下,我国与沿线各个国家进行政治、经济、文化交流,为体育文化提供了绝佳的交流沟通机会,但同时由于沿线各国的政治、经济及文化的差异使得体育文化多元化,"一带一路"倡议为体育文化传播提供了多元渠道。我们要在体育文化传播的过程中找到相应的切入点,因地制宜,互相尊重,互利共赢。

第一节 "一带一路"倡议背景下我国体育文化传播的时代价值

习近平总书记提出的"一带一路"倡议具有重要的时代价值,有力地扩大了对外文化交流,有利于沿线各个国家分享文明的果实;加深了沿线各个国家人民的交流与合作,奠定了深厚的群众基础;更好地展现了我国五千年的文化,树立了良好的品牌形象,为国家的文化产业发展奠定了坚实的基础。

"一带一路"倡议为我国提供了多边合作的时代契机,是我国对外开放的升级版,更是我国发展成为现代化强国的重要途径。它将通过区域合作平台与沿线国家建立经济合作关系,打造互利共赢的利益共同体和互相包容的命运共同体。随着"一带一路"建设方略的不断推进,我国与沿线国家的文化交流愈加频繁,在社会经济飞速发展的同时更要树立文化自信,提高中华文化的国际影响力,与沿线国家建立经久不衰的合作关系。

一、传播中华民族优秀传统文化,展现中华文化魅力

中国历史悠久,具有优秀传统文化。中华文化含义丰富,在传播的同时一定要展现精神内涵。我们通过举办丰富多样的体育文化交流活动向沿线国家展示我国文化,例如大型的体育赛事,各个具有代表性的单项比赛,体育舞蹈、中国传统武术的表演,民俗体育的活动交流,不仅能增进友谊,而且在实实在在的互动中带动沿线国家经济发展,增强我国文化自信的同时展示了我国的大国形象。我们可以通过具体的项目和活动实现国际文化交流与合作,打造我国独具特色的"一带一路"文化品牌。比如,可以打造一些符合沿线国家人民需要的武术文化产品,同时融入中华优秀传统文化的元素,创作出符合不同国家思想文化、风俗习惯的体育文化作品,找到我国文化与其他沿线国家文化的平衡点与契合点,用沿线国家民众喜闻乐见的方式传播中国体育文化,更加积极地宣传构建人类命运共同体的理念。

二、中外体育文化交流是建立和维护伙伴关系的强力纽带

军事、经济、科技、资源等领域相对过于强硬。文化交流的圆润与温软是体育文化的本质特征,因此对外文化交流成为各国理性追求的实现途径和发展需要。新中国成立后一段时期内,我国外交政策的主导力量是政治意识形态,但面对国内外复杂的形势,我国也采用了具有柔性力量的文化对外交流,非常自然地推动新中国走向了国际大舞台。例如,20世纪70年代中外文化交流的成功典范是中美"乒乓外交",当时美国乒乓球队被邀请来我国访问,美国宣布了一系列对华开禁措施,开始打破20多年来与中国交往隔绝的局面。"以小球转动大球",这种跨越国界的体育文化外交模式,成为破冰与化解两国之间外交僵局、扩大两国之间人员交往的经典案例。

当前我国在"一带一路"倡议的伟大实践中,同样也面临着很多问题与困难,例如,我国的经济迅速发展,经济总量跃升至世界第二,我国的迅速崛起让一些国家畏惧和焦虑。

"一带一路"沿线既是宗教和民族问题敏感区,同时又是世界重要的能源产区。有些国家局势动荡不安,同时有些大国又虎视眈眈,众多问题叠加,造成中国与其合作困难重重。单纯的利益置换、资源置换等合作可能难以达成共识,而文化柔性外交或许能发挥积极作用。中国对外文化交流坚持各美其美、美人之美、美美与共的原则,充分尊重沿线各国的文化差异,构建相互包容的文化认同体系,从而增强文化互信,加深彼此感情,增强政治互信。而"一带一路"不少沿线国家本身就拥有共同或类似的体育文化,如东盟很多国家至今保留赛龙舟、舞龙舞狮、抛绣球等文化。体育文化以软柔之力推动着民心相通,促使沿线民众通过共同的体育文化记忆确定文化身份认同,助力建构超越现实边界的人类命运共同体。

三、体育文化对外交流是提升我国文化软实力的重要手段

文化软实力以其吸引性、仿效性、感召力和同化力特征,成为一国综合国力的重要组成部分。中华文明有着五千年波澜壮阔的历史,根基稳固、内容丰富、内涵深厚是中华民族优秀传统文化的特征,也是实现中国文化"走出去"构想的重要依据。提升文化软实力成为新时代进一步增强我国综合国力的重要

内容。

党的十九大报告强调:"推进国际传播能力建设,提高国家文化软实力。"我国应紧抓"一带一路"建设的契机,立足中华民族优秀传统文化,深入挖掘民族传统体育文化的独特资源,积极促进体育文化对外交流,努力推动我国传统体育文化传播到更多、更远的国度,使更多国家能够接触并了解中国的体育文化。

在中外体育文化交融中,更多国家会逐渐发现中国传统体育文化不仅具有鲜明的民族特色,而且具有时代性、先进性和世界性,从而认同我国民族传统体育文化,加大与我国体育文化的交流与合作。这不仅有利于我国传统体育文化的继承和创新,展现真实、立体、全面的中国,而且有利于发挥我国传统体育文化在促进世界体育文化共同繁荣中的积极作用,从而有助于增强我国的文化软实力,促使我国的综合国力得以显著提升。

四、中国体育文化对外交流是"一带一路"建设的民意枢纽

体育是有力推动各国文化交流和合作的重要载体。例如,美国每年出版一部《世界年鉴》,其中体育信息内容占10%,而有关体育方面的消息占了世界六大通讯社总发稿量的25%。相较于各国的宗教文化,体育文化具有较少的敏感内容,对外交流能跨越民族、语言、制度等障碍,对促进国家之间民心相通作用显著。如2013年中国和巴西互办"文化月",使双方国家的民众都体验到对方国家丰富多彩的体育文化,进而拉近普通民众的心灵距离;中国的武术、韩国的跆拳道、印度的瑜伽等成为国际性的体育项目也是很好的例证。

体育赛事是实现民心相通的最佳方式。2016年深圳国际马拉松比赛,有来自菲律宾、马来西亚、马尔代夫、泰国、阿联酋等"一带一路"沿线国家的运动员参加,参赛运动员通过马拉松体育竞赛构建了体育圈,相互切磋技艺,推心置腹交流,既收获了欢乐,又收获了友谊。广西与东盟各国有着极为相似的体育文化,广西开展的舞龙舞狮、抛绣球、斗鸡、抢花炮等民族体育运动项目在柬埔寨、泰国、越南等国同样存在。对体育赛事的相互认同促使这些地区人民心灵相通相融,从而有效推动了"一带一路"建设。

五、体育文化对外交流是推动经济发展的有效途径

体育是一种国际语言。虽然各国的民族传统体育形式千差万别,但全人类共同追求的"团结、和平、友好"的体育精神却是相同的。武术之所以受到世界人民的认同和喜爱,是因其蕴藏着"以人为本、以和为贵"的基本精神。在"一带一路"建设中,加强中国体育文化对外交流,既可以宣扬中国文化"人心和善""天人合一"的核心价值观,提升中国文化的国际影响力,也可以对"一带一路"经济建设的构想意义进行有效阐释,同时还可巩固已取得的经贸合作成果。

"一带一路"倡议提出后,经贸投资合作成效明显。目前,我国与沿线国家建设的境外经贸合作区已有 80 多个,为当地创造的就业岗位达到 24.4 万个;2018 年上半年,我国直接投资 74 亿美元到沿线国家非金融类领域,与沿线国家货物贸易进出口额达 6050.2 亿美元。体育搭台,经贸唱戏,大力开展"一带一路"体育文化对外交流,是夯实经贸成果的有力抓手。不仅如此,体育自身就能创造巨大的经济价值,如中国体育用品外贸出口总额占全国出口总额的 1.03%,已经达到 162.52 亿美元。民族传统体育也能创造巨大的经济价值,中国的武术、印度的瑜伽、韩国的跆拳道等,项目本身市场化程度就较高,而且以这些项目为元素的文化创意产品也创造了较高的经济价值,比如中国武术电影流行于世界,为推动经济发展作出了积极的贡献。

第二节 "一带一路"倡议背景下我国体育文化传播的指导思想

一、"一带一路"倡议的意义

对中国而言,"一带一路"倡议是中国扩大和深化对外开放的需要。对亚洲而言,"一带一路"倡议源于亚洲、依托亚洲、造福亚洲,关注亚洲国家互联互

通,努力扩大亚洲国家共同利益。对沿线各国而言,"一带一路"倡议有利于促进沿线各国经济繁荣与区域经济合作,加强不同文明交流互鉴。对世界而言,"一带一路"倡议是加强和亚欧非及世界各国互利合作的需要,是一项造福世界各国人民的伟大事业。

二、"一带一路"倡议的性质

"一带一路"倡议相关的国家基于但不限于古代丝绸之路的范围,各国和国际组织、地区组织均可参与,让共建成果惠及更广泛的区域。"一带一路"建设是沿线各国开放合作的宏大经济愿景,是促进共同发展、实现共同繁荣的合作共赢之路,是增进理解信任、加强全方位交流的和平友谊之路。共建"一带一路",符合国际社会的根本利益,彰显人类社会的共同理想和美好追求,是国际合作以及全球治理新模式的积极探索,将为世界和平发展增添新的正能量。

三、"一带一路"倡议的目的

"一带一路"倡议的目的,在于共建"一带一路",致力于维护全球自由贸易体系和开放型世界经济,致力于亚欧非大陆及附近海洋的互联互通;通过共建"一带一路",努力建设区域基础设施更加完善、安全高效的陆海空通道网络,使互联互通达到新水平;投资贸易便利化水平进一步提升,高标准自由贸易区网络基本形成,经济联系更加紧密,政治互信更加深入;人文交流更加广泛深入,不同文明互鉴共荣,各国人民相知相交、和平友好。

四、"一带一路"倡议的框架思路

"一带一路"贯穿亚欧非大陆,一头是活跃的东亚经济圈,一头是发达的欧洲经济圈,中间广大腹地国家经济发展潜力巨大。"丝绸之路经济带"重点畅通中国经中亚、俄罗斯至欧洲(波罗的海),中国经中亚、西亚至波斯湾、地中海以及中国至东南亚、南亚、印度洋之间的联系。"21世纪海上丝绸之路"重点方向是从中国沿海港口过南海到印度洋,延伸至欧洲,从中国沿海港口过南海到南太平洋。根据"一带一路"走向,陆上依托国际大通道,以沿线中心城市为支撑,以重点经贸产业园区为合作平台,共同打造新亚欧大陆桥、中蒙俄、中国—中亚—西亚、中国—中南半岛、中巴、孟中印缅 6 条国际经济合作走廊;海上以重点港口为节点,共同建设通畅安全高效的运输大通道。

五、"一带一路"倡议的合作重点

沿线各国资源禀赋各异,经济互补性较强,彼此合作潜力和空间很大。"一带一路"倡议重点在五个方面加强合作。一是政策沟通。加强政策沟通是"一带一路"建设的重要保障。二是设施联通。基础设施互联互通是"一带一路"建设的优先领域。三是贸易畅通。投资贸易合作是"一带一路"建设的重点内容。四是资金融通。资金融通是"一带一路"建设的重要支撑。五是民心相通。民心相通是"一带一路"建设的社会根基。

六、"一带一路"倡议的主要途径

共建"一带一路"的途径是以目标协调、政策沟通为主,不刻意追求一致性,高度灵活,富有弹性,是多元开放的合作进程。要积极利用现有双边、多边合作机制,加强与沿线国家发展构想的相互衔接,促进区域合作蓬勃发展。要加强双边合作,开展多层次、多渠道沟通磋商,推动双边关系全面发展。要强化多边合作机制作用,继续发挥沿线各国区域、次区域相关国际论坛、展会等平台的建设性作用。

七、中国的承诺与作用

中国将一以贯之地坚持对外开放的基本国策,构建全方位开放新格局,深度融入世界经济体系。中国愿与沿线国家一道,不断充实完善"一带一路"倡议的合作内容和方式,共同制定时间表、路线图,积极对接沿线国家发展和区域合作规划。中国愿与沿线国家一道,在既有双边、多边和区域、次区域合作机制框架下,通过合作研究、论坛展会、人员培训、交流访问等多种形式,促进沿线国家对共建"一带一路"倡议内涵、目标、任务等方面的进一步理解和认同。中国愿与沿线国家一道,稳步推进示范项目建设,共同确定一批能够照顾双边、多边利益的项目,对各方认可、条件成熟的项目抓紧启动实施,争取早日开花结果。中国愿与沿线国家一道,以共建"一带一路"为契机,平等协商,兼顾各方利益,反映各方诉求,携手推动更大范围、更高水平、更深层次的大开放、大交流、大融合。

"一带一路"倡议将充分依靠中国与有关国家既有的双边、多边机制,借助既有的、行之有效的区域合作平台,借用古代丝绸之路的历史符号,高举和平发展的旗帜,积极发展与沿线国家的经济合作伙伴关系,共同打造政治互信、经济融合、文化包容的利益共同体、命运共同体和责任共同体。"一带一路"倡议使中国与丝路沿线国家分享优质产能,共商项目投资,共建基础设施,共享合作成果,内容包括道路联通、贸易畅通、货币流通、政策沟通、人心相通等"五通",肩负着三大使命。

(一) 探寻经济增长之道

"一带一路"倡议是在后金融危机时代,作为世界经济增长火车头的中国,将自身的产能优势、技术与资金优势、经验与模式优势转化为市场与合作优势,实行全方位开放的一大创新。通过"一带一路"建设,中国将分享中国改革发展红利、经验和教训。中国将着力推动沿线国家间实现合作与对话,建立更加平等均衡的新型全球发展伙伴关系,夯实世界经济长期稳定发展的基础。

(二) 实现全球化载体

传统全球化由海而起,由海而生,沿海地区、海洋国家先发展起来,陆上国家、内地则较落后,形成巨大的贫富差距。传统全球化由欧洲开辟,由美国发扬光大,形成国际秩序的"西方中心论",导致东方从属于西方、农村从属于城市、陆地从属于海洋等一系列不平衡不合理效应。如今,"一带一路"倡议正在推动全球再平衡。"一带一路"倡议鼓励向西开放,带动我国西部开发以及中亚、蒙古等内陆国家和地区的开发,在国际社会推行全球化的包容性发展理念;同时,中国主动向西推广中国优质产能和比较优势产业,将使沿线国家首先获益,也改变了历史上中亚等丝绸之路沿途地带只是作为东西方贸易、文化交流的过道而成为发展"洼地"的面貌。这就超越了欧洲人所开创的全球化造成的贫富差距、地区发展不平衡,推动建立持久和平、普遍安全、共同繁荣的和谐世界。

(三) 开创地区新型合作

中国改革开放是当今世界最大的创新,"一带一路"倡议作为全方位对外开放构想,正在以经济走廊理论、经济带理论、21 世纪的国际合作理论等创新经济发展理论、区域合作理论、全球化理论。"一带一路"倡议强调共商、共建、共享原则,超越了马歇尔计划、对外援助以及"走出去"构想,给 21 世纪的国际合作带来新的理念。比如,"经济带"概念就是对地区经济合作模式的创新,其中中俄蒙经济走廊、新亚欧大陆桥、中国—中亚经济走廊、孟中印缅经济走廊、中国—中南半岛经济走廊等,以经济增长极辐射周边,超越了传统发展经济学理论。

第三节 "一带一路"倡议背景下我国体育文化传播的基本原则

"一带一路"倡议是多层次、全方位的重大倡议,以共商、共建、共享为原则,以共建人类命运共同体为目标。在"一带一路"倡议的发展过程中,体育文化的交流起到了举足轻重的作用,体现了国家和民族的凝聚力、价值观及创造力。体育外交以体育文化交流的形式促进了"一带一路"沿线各国的政治、经济、文化交流和沟通,但同时也面临着各种亟须解决的问题。因此,"一带一路"倡议背景下,我国体育文化的发展首先应该以文化为切入点,依靠历史文化的丰富性,在体育文化交流的过程中遵循平等、包容的原则,尊重沿线国家的不同风俗习惯和社会体制,因地制宜地举办各种体育赛事。此外,体育文化的发展离不开体育产业的发展,要在深化我国体育产业市场,推广中国创造、制造的体育产品的同时,以互利共赢为前提,紧紧围绕人类命运共同体的使命,结合各地区实际情况,依据当地体育产业市场需求,共同发展体育产业以及相关产业。

第四节 "一带一路"倡议背景下国家体育组织交流合作

"一带一路"倡议,从理论建设到实践操作,为全球治理提供了新的思路与方法。其中,"一带一路"国家体育组织的交流合作具有一定的现实价值和重大意义,致力于突破"一带一路"国家体育组织间交流合作面临的现实挑战,使体育政策沟通、体育贸易畅通、体育资源联通、体育民心相通、体育赛事融通发挥应有的功效,产生应有的价值。因此,交流与合作在"一带一路"建设中具有重要作用。体育是"一带一路"建设的重要组成部分,具有的开放性、亲和性、渗透性等特点,有利于推动双边乃至多边文化交流,从而消除各种争端,实现"民心相通"。(陈刚,2017;马家鑫,王子朴,2020)其中,"一带一路"沿线国家的各种体育组织作为桥梁与纽带,为国家、地区间的交往提供了机遇和平台。"一带一路"沿线国家体育组织的交流合作有助于促进这些国家政贸规则的制定,促进沿线国家公共事务的管理、各国人文交流,从而增强我国与"一带一路"沿线国家的国际关系,维护区域稳定,促进地区发展。

由于"一带一路"沿线各国经济发展程度、文化背景等存在差异,各国体育组织在交流合作时存在诸多困难。因此,如何开展"一带一路"沿线国家体育组织间的交流合作非常重要。通过探索具有中国特色、中国风格、中国气派的国家体育组织交流合作策略,实现多层次、全方位、立体式体育外交格局,可以更好地推动我国体育强国建设,提升国际形象,扩大国际影响力。

一、"一带一路"沿线国家体育组织交流合作的主要内容

"一带一路"建设力图通过"五通"(政策沟通、设施联通、贸易畅通、资金融通、民心相通)构建命运共同体,以极大的包容性与开放性促进世界各国的交流合作。在实践中,结合体育组织交流合作的实际情况,"一带一路"沿线国家体育组织交流合作的主要内容如下。

(一) 体育政策沟通是"一带一路"沿线国家体育组织交流合作的重要保障

政策沟通主要指通过加强政府间的合作,积极构建多层次的政府间的政策沟通交流相关机制。政策沟通为"一带一路"沿线国家体育组织的交流合作奠定了基础,促成共识,构建公正、合理、透明的体育组织发展规则体系。2016年,国务院发布《推动共建丝绸之路经济带和21世纪海上丝绸之路的愿景与行动》,提出"积极开展体育交流活动,支持沿线国家申办重大国际体育赛事"。我国与其他国家和地区出台的相关政策主要包括与中东欧16国共同发表的"16+1合作"《中国—中东欧国家合作布加勒斯特纲要》《中国—中东欧国家合作苏州纲要》《中国—中东欧国家合作里加纲要》《中国—中东欧国家合作索菲亚纲要》等纲领性文件,上述文件均强调"加强双方体育交流与合作,鼓励各类体育组织建立直接联系,并加强国际体育事务合作"。在这些政策和文件的支持下,以国家体育总局、中华全国体育总会和中国奥委会为代表的中国政府体育组织与各国(地区)政府体育机构及相关体育组织草拟双边体育交流计划并协调实施,开展了双边体育交流合作。

(二) 体育贸易畅通为"一带一路"沿线国家体育组织交流合作提供重要平台

贸易畅通主要指为了推动投资贸易便利化,达到削弱甚至消除贸易壁垒的目的,积极与沿线各国进行经贸交流。在当前经济全球化与体育全球化的时代背景下,体育贸易与经营的全球化趋势也愈加明显。2018年9月10日,"一带一路"体育产业合作国际研讨会在青岛国际经济合作区举行,来自商务部国际商务官员研修学院、国家体育总局及"一带一路"部分沿线国家的体育官员、学者、行业代表在此围绕各国体育项目、体育产业发展进行交流。当下,"一带一路"沿线国家拥有产业基础、商业人脉、社会网络的企业体育组织,在体育用品制造产业转移、大型体育场馆建设、体育旅游、体育商贸博览、体育竞赛表演等领域,为沿线提供深化合作与交流的广阔空间。

(三) 体育资源联通促进"一带一路"沿线国家体育组织交流合作的深度融合

"一带一路"沿线国家体育组织的交流合作,能够深入挖掘各地区潜能,打开沿线各国的体育市场,使各国智力资源与体育资源互通互享,从而进一步促进沿线国家体育事业的发展。"一带一路"沿线国家拥有丰富的体育旅游资源、体育比赛资源和人才资源。当前部分区域性、国际性体育组织已开展多层次、多项目的交流合作,如中华全国体育总会以及中国体育企业协会等体育组织利用"一带一路"沿线主要国家的体育资源,加强体育产业合作,实现体育全方位的交流互动,推动各种体育物质资源和非物质资源的合理有序流动,实现体育资源的高效配置和深度融合。

(四) 体育赛事融通是"一带一路"沿线国家体育组织交流合作的重点内容

体育赛事作为"一带一路"沿线国家体育组织进行交流合作的主要内容,不仅可以直接促进赛事参与国家的体育文化沟通与交流,有助于建设和打造"一带一路"特色赛事品牌,而且是实现民心相通的重要动力和有效途径,可以进一步推进"一带一路"沿线国家之间的贸易和经济合作。(卜安淳,2009)

2014年,国务院印发《关于加快发展体育产业促进体育消费的若干意见》,号召大力发展多层次、多样化的各类体育赛事,打造一批有吸引力的国际性、区域性品牌赛事,加强与国外的体育赛事合作,引进精品体育赛事。近些年,以"一带一路"为主题的体育赛事不断涌现,赛事项目及种类颇为丰富。

(五) 体育民心相通构建"一带一路"沿线国家体育组织交流合作的传播环境

民心相通是国家间交往的社会根基,在体育领域内具体表现为体育文化交流、举办国际体育赛事、体育援助、推广民族传统体育文化等合作。《愿景与行动》在"民心相通"部分提到,要将体育作为交流合作的桥梁。国家体育组织间的交流合作可以有效传播"丝路精神",广泛开展体育领域内的各种合作,从而促进沿线各国不同文明互学互鉴,增进各国人民之间的相互了解,营造和谐友好的体育文化生态和传播环境,实现民心的互动、民风的互赏、民情的互谅。如中国和东盟国家联合举办的十二届中缅胞波狂欢节,是一项具有较大影响力且受欢迎的体育文化活动。该活动将中国与东盟相同的体育交流活动融入传统文化,形成以传统节日为传播载体的中国与东盟国家融合的传统体育文化。(何传胜,张兆龙,秦尉富,2019)

二、"一带一路"沿线国家体育组织交流合作中的现实挑战

(一)经济发展不平衡造成体育组织间对话不平等

由于"一带一路"跨越区域较大,覆盖地区较多,各个国家的经济发展差异较大,表现在体育组织交流合作方面的挑战主要有以下两点。

1. 贫富差距,使得交流合作不稳定

"一带一路"沿线国家众多,由于工业投资、市场开放程度、基础设施和资源禀赋等方面均存在差异,因此贫富差距也较为明显。"一带一路"沿线部分国家贫困问题相对严重,导致体育事业发展比较滞后,但同时"一带一路"沿线也不乏塞尔维亚、俄罗斯等体育设施相对完善且体育事业发展良好的国家。当体育组织之间进行多方合作时,难免需要考虑各国经济发展水平、国家经济制度等,而经济水平、竞技体育水平较低国家的体育组织缺乏交流合作的积极性。长此以往,交流合作的不稳定使得体育公共政策更倾向于体育发展水平较高的国家,在加剧贫富两极分化的同时,可能导致体育组织间的实力分化越发明显。

2. 各国对于体育组织的资金投入不均匀,影响体育组织间交流合作的顺利开展

各国政府体育组织内部权利、收益分配制度和格局不同,体育赛事、体育产业、体育教育等领域的宏观发展计划与政策存在差异,而且不同国家或同一国家不同体育组织提供体育公共产品的水平也不相同。同时,非政府体育组织作为体育组织的重要组成部分,在一些国家中存在缺乏合法性、人才、经费、场馆、制度和政策等基础短板,使组织陷入能力较弱、依赖性强、自主性弱、行政化明显等困境。社会体育组织的资金投入不足,难免会影响组织内各项体育贸

易活动的顺利开展,从而出现各国体育组织之间经济交流不平衡的问题。

(二)多元文化导致体育组织间交流合作存在一定障碍

沿线国家不同文化渗透于交融过程中,难免出现本民族文化与外来文化、传统文化与现代文化的冲突。

"一带一路"国家地理区位等因素所带来的文化差异,造成诸多文化传播中理解的偏差,导致体育组织在交流合作中存在障碍。如民族传统体育本身具有突出的地域性、乡俗性特征,在远离乡土的异地进行传播存在诸多困难。另外,不同文化的语言思维和表达方式存在差异。体育组织中,属于不同语言体系的国家在交流时也难免出现因语言问题导致的理解偏差,从而影响交流。

各国体育文化发展程度不同,导致国家体育组织在文化方面的交流合作程度不高。就竞技体育文化而言,"一带一路"沿线国家竞技体育总体发展水平较好,但两极分化也比较严重。其中,仅中国、日本、韩国和俄罗斯举办过夏季奥运会和冬奥运会。这种体育文化发展程度上的差异,最终导致文化传播的差异,给体育组织间的交流合作带来一定阻碍。

(三)新冠疫情暴发造成体育组织间交流与合作停滞

新冠肺炎疫情暴发后的国际社会环境固有格局加速变动,国际社会发展的不确定性因素增加,国际体育组织承受更多源于国际政治、经济、文化动荡的冲击(杨国庆,2021),使得体育组织间的交流合作一定程度上停滞。

1. 诸多国际大赛受到影响,导致体育组织交流合作的机会减少

新冠疫情暴发后,国际体育组织对全球体育掌控力下滑,奥运会、世锦赛或将遭遇全球危机。部分非热门体育赛事因资金或无国无城举办而濒临取消,"一带一路"沿线国家体育组织的生存与发展受到全球体育"低潮"的影响。各种国际赛事作为国家体育组织交流合作的平台,其作用也在疫情期间被大大削弱。

2. 世界各国体育产业遭遇"寒冬",导致体育组织交流合作的动力减弱

就国际体育形势来看,新冠肺炎疫情对夏季奥运会所牵涉的 33 个国际单

项体育组织联合会均带来不同程度的冲击,各个国家／地区奥林匹克委员会也纷纷采取降薪、裁员、居家办公等方式缩减开支以确保运转。在体育竞赛表演业方面,我国足球、篮球、排球等职业联赛被迫延期举行,大约 1/3 的马拉松赛事被迫取消或延期。在体育休闲、旅游产业方面,户外健身休闲、体育旅游取消较多,整个体育产业上下游几乎无不受到冲击,造成诸多体育企业和组织的生存危机。疫情所带来的体育经济"寒冬"也将导致体育组织需要花更多时间和精力去解决组织内经济萧条的问题。一旦经济问题难以修复,组织内的体育贸易交流将会较大幅度减少,一定程度上使得体育组织失去诸多交流合作的机会。

三、"一带一路"沿线国家体育组织交流合作的实践路径

面对日益复杂的国际经济形势,我国以"一带一路"建设者的身份肩负起交流合作的重任。以人类共同未来的概念为出发点,以共同发展为动力,以平等合作为道路,以构建公正的国际秩序为目标,是"一带一路"倡议下各国体育组织交流与合作的指导原则。(刘传春,刘宝平,2019)

(一)制定国家体育组织交流合作的政策法规

随着"一带一路"建设的大力推进,目前体育组织在各个领域内的交流合作越来越广泛且复杂,需要建立交流合作的基本框架。

1. 发挥政府在"一带一路"沿线国家体育组织间交流合作中的宏观调控作用

制定"一带一路"沿线国家体育组织共同管理的章程,构建"一带一路"共同体国家体育组织工作模式,加大评估指标体系和评估方法的探索研究。通过国家层面的宏观调控,加强与商务部、文化和旅游部、教育部、外交部和境外文化中心的交流合作,推动"一带一路"重大体育合作项目的建立、示范和监督,以及相关合作方案和相关政策的制定、协调、实施等,对"一带一路"沿线国家体育组织交流合作的发展走向进行宏观指引。

2. 构建多边、双边和次区域体育组织的常态交流体制

建立"一带一路"沿线国家体育组织之间,与其他国际组织之间,政府、企业、体育组织之间的交流合作平台。尝试由局部到整体的构建策略,先构建"东盟 + 南亚""西亚 + 中亚""中东欧 + 独联体"等次一级的区域体育组织,开展双边及多边体育文化交流活动,广泛调动各国人民参与的积极性。待组织发展成熟后,构建完整的"一带一路"沿线国家体育组织的常态交流机制。

3. 制定体育组织间交流合作的具体政策和制度

建立体育市场准入制度,制定体育投资环境建设及体育进出口政策,建立财政政策体系。制定体育赛事、体育旅游、体育援助等方面的政策,以及其他组织工作模式等。

(二) 开展以提供各种体育公共产品为基础的经贸交流合作

国务委员、外交部部长王毅指出:"'一带一路'构想是中国向世界提供的公共产品。而我们的态度是:希望各个国家、跨国公司、国际组织甚至非政府组织都可以参与到具体的合作中来。"因此,"一带一路"沿线国家体育组织间的经贸交流合作需要以提供各种公共服务为手段,具体做法如下。

1. 提供体育非物质公共产品

一是制度性的社会公共体育产品,如有关体育的法律、行政法规和相应的规章制度。制度性产品是提供、安排和生产物质性和精神性社会公共体育产品的基本依据和规矩。我国应在与他国体育组织间的交流合作中,积极提供共商、共建、共享的体育理念,贡献有利于国际体育组织持续发展的中国理念,引领国际体育发展。二是信息性的社会公共体育产品,包括体育知识性产品和具有激励功效的精神产品。通过"一带一路"体育论坛、体育留学、体育合作办学等非物质性公共产品,强化体育发展理念,推进沿线体育融合发展。

2. 提供体育物质公共产品

重视国际体育品牌赛事、精品国际体育旅游路线的打造。首先,我国体育

组织应积极主动申办和承办体育赛事,积极创新办赛模式,积累办赛经验,不断提升办赛水平。对发展中国家和经济欠发达地区,应给予资金、技术和人才方面的支持,鼓励或协助沿线国家申办体育赛事。其次,通过国家体育组织间的交流合作,明晰本国的赛事文化特色,发挥国家体育组织间的最大合力,形成高品质、多元化的赛事品牌。通过具有地方特色的赛事活动,进一步开发合作国家的体育旅游市场,同时以体育旅游扩大体育赛事的影响力(姜同仁,张林,2017)。另外,积极推动国家体育组织联合举办各种体育博览会,建立体育自贸区,经过交流、合作、协商管理,打造多边贸易,实现体育贸易畅通及各国体育产业的深度融合等,从而实现由体育带来的经济融通。

3. 进行多层次的交流合作,实现体育组织间的资源共享

(1)充分发挥现有多边合作机制和平台的作用

充分利用国际体育组织平台,如国际奥委会、亚奥理事会和非体育组织平台,加强交流合作。充分利用"一带一路"现有会议、论坛组织,各种海外文化和旅游平台,对外文化和旅游交流品牌等,积极争取为各国体育组织提供稳定的交流互动机会。善于利用现有各种资源平台,加强与教育、旅游、艺术、卫生、生态等部门的融合和联系,实现与沿线各国多方面的交流合作。

(2)充分重视民间体育组织间的交流合作

一方面,坚持官方推动与民间自主相结合的模式。以官方推动民间,以民间补充官方,充分发挥官方规范、权威的优势与民间灵活的特点。要特别重视著名体育运动员、民间体育活动家、体育企业家、体育热心人士等的作用。另一方面,不断完善民间体育组织发展的相关法律法规。政府应明确各种体育社会组织在"一带一路"沿线国家体育组织交流合作中不可或缺的地位,确保其开展各种国际活动的合法性,以消除现有法律中的各种障碍。

(3)实现体育组织线上线下资源的有机融合

"互联网 + 体育"的新型体育组织交流合作形式多样、费用较低、服务全面,将体育产品开发与供应、IP 或版权运营、场馆建设与服务、体育媒体、体育培训、体育医疗等一系列的体育资源进行有效链接,促进体育与新闻、教育、健康、医疗、设施建设等关联产业的齐头并进,多层次融合体育关联产业各自具备的创新资源要素,加大各区域体育服务设施、基础建设、服务产品开发等多方面合作。

(三)利用各种媒介提升体育组织间交流合作的话语权

体育文化的发展与政治、经济有密切联系,是各个国家之间政治、经济发展与合作的重要因素。我们要以"一带一路"建设为契机,向世界展示中国体育文化交流硕果,借助"一带一路"建设增强中国国际体育话语权。"一带一路"沿线各国体育组织间的交流合作需要充分利用各级各类媒体进行宣传,以此来提升自身的体育话语权。体育话语权实际上是体育本体话语权与体育媒介话语权的复合体,是两种权力行为体的重构。(程雪峰,2015)

1. 传播中华体育文化,建立沟通交流中的文化自信

中华体育文化的传播力在一定程度上能反映出我国体育的本体话语权,这就要求我们用"中国故事、世界表述""世界内容、中国创意"的方式交流传播,精准定位各个国家的体育组织与受众,力求差异化传播路径,不断创新表达视角,提升中华体育文化的感召力和影响力,推广组织共同价值,从而加强与各个国家体育组织的交流合作。

2. 树立体育组织的良好形象,谋求对本组织的了解、信任与合作

通过科学地使用多媒体的方式,传播体育文化信息所蕴含的意识形态和价值观,协调和改善组织的内外部关系,树立和保持体育组织的良好形象,谋求公众对于本组织的了解、信任与合作,提高组织的知名度和美誉度,可为体育组织赢得最大的经济效益和社会效益,同时,能使体育组织与媒体之间保持积极的、协作的、相互依赖的共生共赢关系,从而促进体育产业及相关产业的发展。

第八章 | "一带一路"倡议背景下的 山东体育文化

第一节 "一带一路"倡议背景下山东半岛体育 文化的优势

在山东半岛蓝色经济区上升为国家构想的宏观背景下,发展蓝色海洋文化对于推动山东省经济、文化、社会、生态协调发展具有重要意义。在山东半岛蓝色经济区的建设中,蓝色体育产业和蓝色体育文化建设已经逐渐成为城市品牌打造和城市竞争优势的来源。在经济新常态背景下,体育文化产业将成为实现城市转型发展和可持续发展的支柱产业。伴随着山东半岛蓝色经济区的建设与发展,蓝色体育文化建设与蓝色体育文化对打造城市品牌的影响将逐步表现出如下优势。

一、蓝色经济区内蓝色体育文化项目逐渐普及化

蓝色经济区内的蓝色体育文化,就是蓝色经济区经济带(即青岛、烟台、威海等沿海城市所组成的地理范围)内所发生的体育现象、体育活动,以及城市与城市间、跨行政区域的体育互动和体育合作形成的体育文化。按照半岛蓝色经济区城镇的发展目标,将在地域空间上形成青岛—潍坊—日照、烟台—威海、东

营—滨州三个城镇组群,在山东半岛蓝色经济区形成以三个城镇组群为主体形态、大中小城镇相结合、空间布局合理、城镇职能协调的沿海城镇带。我们可以此为分类依据,划分不同特色的蓝色体育文化。

随着社会的不断进步与城市建设的快速发展,人们的精神生活与物质水平也在不断提高,人们对业余文化生活的质量和追求也有着不同的需求,而蓝色体育文化建设与蓝色体育运动项目的发展,可以最大限度地满足不同年龄、不同层次人群的业余文化生活的需求,社会普及化程度高,集健身、休闲、娱乐于一身的特点和优势,也非常易于社会推广和开展。

二、城市蓝色体育文化项目的商业化

据数据统计,即便是在我国发达城市,经常健身的人群仅占总人口的0.8%左右。在美国,这个比例则达到了14%。所以,在我国各个不同层级消费市场内,体育文化与体育健身都存在着可以深入挖掘的巨大潜能。这个市场随着时代的进步与社会经济的发展正在被逐步细分,蓝色体育就是这种市场细分和体育产业发展的必然结果。蓝色体育项目的季节性特点和资源的有限性决定了只能走商业化道路。城市品牌体现了城市的历史文化精髓、自然风物特点及经济产业形态,是城市形象推广过程中传递给大众的核心概念。在城市品牌的打造和建设中,蓝色体育的商业化运营会发挥极大的促进作用。

三、蓝色体育文化城市发展呈休闲旅游趋势化

近几年来,我国的休闲体育旅游呈扩大趋势。在每年的黄金周期间,城乡居民的各种休闲旅游活动更是突显了休闲旅游在人们日常生活中的重要地位,体育休闲游已成为旅游业的一个重要细分发展市场。蓝色体育项目是体育休闲游的一种形式,项目开展的主要时间集中在夏季。夏季作为一年中最大的旅游季节,旅游人口较其他季节也更集中。海滨城市已成为主要的度假休闲旅游的目的地,海上的各种蓝色体育项目因其新颖刺激成为众多旅游者的主动选择。由此可见,虽然蓝色体育休闲消费市场仍处在初始阶段,但有着非常好的发展趋势。

四、蓝色体育文化城市行业发展规范化

目前,山东半岛蓝色体育项目的经营者比较分散,海水浴场管理处是这些经营者的主要管理单位,而当地的体育局只是对海上赛事起到一个组织、协调的作用,因而缺乏一个专业的体育行业组织对蓝色海上项目进行规范化、产业化的综合管理与运作指导。随着蓝色体育项目逐渐发展成熟,以打造城市特色品牌为目的的海上国内外赛事在逐年增多,专业化的蓝色体育行业组织会成为蓝色体育运动的管理、组织、协调的专门机构。体育组织的行政性将减弱,行业性、社会性将随之增强。组织管理机构主要负责蓝色体育项目的产业化经营指导,赛事的组织、筹备和安排,成员的管理及成员之间交流与合作的协调,蓝色体育行业发展将逐渐趋于规范化。

五、蓝色体育行业发展趋于规模化

在山东半岛蓝色经济区的建设发展达到一定的程度时,蓝色体育产业与蓝色体育文化会在一定的区域范围内进行区域整合。蓝色体育产业与蓝色体育文化在市场导向的作用下,对各个蓝色体育的要素进行系统化的调整、重组和优化,同时实现资源有效的整合与配置,加大蓝色体育产业与蓝色体育文化的规模化发展。

六、蓝色体育项目趋于多样化

随着蓝色体育项目市场发展的逐步成熟,蓝色体育项目市场得以细分。俱乐部经营者根据不同的消费群体和消费需求,形成自身项目特色与服务特色,并根据大众的各种实际需求实行配套经营,提供多样化的蓝色体育项目服务品种。国内外蓝色体育大型体育赛事的承办与组织,对深化城市品牌认同感、提升城市品牌建设力度、彰显城市品牌亲和力、增强城市品牌凝聚力起到了非常重要的作用。

第二节 "一带一路"倡议背景下山东半岛民族传统体育文化

通过对山东半岛民族传统体育文化进行了解可知,大部分民族传统体育项目是少数人的娱乐项目,未能融入奥运会等的体育项目中。民族传统体育文化的传承和发展是山东半岛地区融入"一带一路"比较好的点之一。要树立文化传承的意识,不去过大过多地盲目追求现代化,重视民族传统体育文化,使得民族传统体育文化得以传播。实现民族传统体育文化的发展,必须结合山东半岛地区特点进行综合考虑,与岁时节日、宗教信仰、风俗习惯及风土人情相结合,使得民族体育文化的地域性及特色得以充分体现。

一、民族传统体育文化发展较为滞后

在全球化背景下,我国民族传统体育文化受到西方文化的冲击,许多民族传统体育文化逐渐被遗忘,不少人开始将注意力集中到桌球、高尔夫球等新型的娱乐活动上,对民族传统体育文化的发展产生了较大的负面影响。部分人员甚至错误地认为民族传统体育项目是落后的"代名词",高尔夫球等价格较高的项目是一种时尚,导致民族传统体育项目不被重视,部分民族传统体育文化面临着消亡的风险。比如投壶、踩高跷、抖空竹,这些民族传统体育项目具有一定的娱乐性,且能够锻炼身体,但是这些项目缺乏竞技性,无法充分满足人们对娱乐活动的需求,文化功能逐渐消失,难以适应时代发展的要求,给民族传统体育文化的传承和发展带来较大挑战。

二、民族传统体育文化传播缺乏多元化载体

民族传统体育文化在群体中有多种传播方式,具体包括亲缘传承、业缘传承、地缘传承等方式。在"一带一路"倡议背景下,民族传统体育文化的传播,意味着民族传统体育文化要脱离赖以生存的主要区域,其原有的传播方式和传播载体只能满足在主要区域内传播的需求,而无法满足在其他区域的传播需求,也就是说民族传统体育文化的传播缺乏多元化载体。针对这种现象,我们

需要重视其他传播载体的丰富,尤其是现代媒介工具。在"一带一路"倡议的背景下,我国现代传媒行业尚未在国际上完全掌握话语权,使得我国传播渠道难以满足民族传统体育文化的传播需求,从而直接影响"一带一路"沿线国家受众对民族传统体育文化的接受。

三、"一带一路"倡议背景下民族传统体育文化传播的有效策略分析

(一)培养文化传播意识

在民族传统体育文化的传播过程中,相关工作人员要充分认识到民族传统体育文化传播的重要意义,具备良好的文化传播意识,以便能够有意识地将民族传统文化渗透到各种贸易活动中,提高国外受众对我国民族传统体育文化的认可度。为实现这一目的,需要加强对相关工作人员的培养,使其能够形成良好的文化传播意识,对民族传统体育文化的文化价值及社会内涵进行充分挖掘,将一些有利于国家交流的民族传统体育文化传播出去,使我国优秀民族传统体育文化的国际化传播得以顺利实现。例如,在进行国际贸易活动时,对贸易工作人员的文化意识进行强化,使其能够将高跷、空竹等具有代表性的文化要素介绍给各个合作方,以此实现国家之间的文化交流,在传播我国优秀民族体育文化的同时,使我国在世界文化中的存在价值得以有效提升。

(二)优化文化资源体系

我国民族传统体育文化中具有不同种类的文化资源,这些文化资源表现出较强的地域性、包容性和传承性,以及高度的民族习惯。要想实现民族传统体育文化的传播,就必须规范不同种类的民族传统体育文化元素,为民族传统体育文化的传播打好基础。具体来讲,可以借助计算机技术、大数据技术等现代化技术对民族传统体育文化资源进行有效管理,做好相关资料的整理、归档和保存工作,避免出现传统文化遗失等情况。

(三)加强民族传统体育文化产品开发

民族传统体育文化传播是一个较为复杂的过程,需要坚持因地制宜的原则,开发出具有民族性、区域性和个性化的文化产品,通过特色体育文化产品来

进行民族传统体育文化的传播,使社会能够充分认识到民族传统体育文化的重要价值。例如,在部分少数民族地区的文化传播中,可以在充分了解当地建筑特性、地域环境、民俗习惯及文化的基础上,打造具有当地特色的旅游景区,使国内外游客能够在游览景区的时候充分了解民族传统体育文化,实现对民族传统体育文化的有效传播。通过一些民族传统体育项目,国内外游客能够更加真实地了解当地的民俗习惯及风土人情,促进民族传统体育文化的持续发展。

(四)拓展民族传统体育文化传播载体

针对在"一带一路"倡议背景下的民族传统体育文化传播载体不足的现状,政府、企业、个人等主体要重视民族传统体育文化传播载体的拓展,有效增强民族传统体育文化的传播范围和影响力。

第三节　山东体育节庆文化

节庆是节日庆典的俗称,也是社会文化进程的浓缩,其呈现方式涵盖各类传统节庆活动与新兴节庆活动。我国节庆资源种类丰富。据有关方面统计,我国全年的节庆活动总量已超过 5000 个,是世界节庆活动大国。

山东省自古就具有极其丰富的人文资源,是最先发展体育节庆活动的省份之一。山东省体育节庆活动当前并未建立统一的标准。本书根据体育节庆活动的类型,将山东省体育节庆活动划分为传统型体育节庆活动、现代型体育节庆活动和混合型体育节庆活动。(见表 8-1)

表 8-1　山东省体育节庆活动(部分)

体育节庆活动名称	举办时间	地区	类型
中国(梁山)水浒文化旅游节	9月	济宁	混合型
中国潍坊武术文化节	4月	潍坊	传统型
潍坊国际风筝节	4月	潍坊	传统型
螳螂拳武术节	8月	烟台	传统型
中国沙滩秧歌节	8月	烟台	传统型

体育节庆活动名称	举办时间	地区	类型
昆嵛山踏青节	4—5月	烟台	混合型
连青山登山节	10月	枣庄	传统型
蒙山登山节	6月	临沂	传统型
天马岛登山节	5月	临沂	传统型
"沂蒙之春"秧歌节	2月	临沂	传统型
沂水(国际)地下河漂流节	7月	临沂	现代型
中国沂河文化体育旅游节	6月	临沂	混合型
中国蒙山体育节	4—6月	临沂	混合型
中国蒙山养生长寿文化旅游节	9月	临沂	混合型
中国沂河国际运动娱乐节	5—10月	临沂	混合型
中国威海国际钓鱼节	10月	威海	现代型
威海国际钓鱼文化周	6月	威海	现代型
荣成国际渔民节	7月	威海	混合型
日照登山节	6月	日照	传统型
中国(日照)赶海旅游节	9—10月	日照	混合型
黄河口自驾车旅游节	9月	东营	混合型
国际齐文化旅游节	9月	淄博	混合型
水城之秋休闲周	9月	聊城	混合型
聊城水文化节	9—10月	聊城	混合型
中国黄河三角洲山东滨州体育节	9—10月	滨州	混合型
德州体育狂欢节	4—11月	德州	混合型
中国(郓城)好汉节	9月	菏泽	混合型

资料来源:山东省各地市体育局、统计局、互联网;统计时间:2020年4月。

　　由此不难看出,山东体育节庆活动数量繁多,种类丰富,属体育节庆活动大省。在诸多的体育节庆活动中,举办届次较多且历史较为久远、在国内外拥有一定的知名度且发展趋向成熟的体育节庆活动有泰山国际登山节、潍坊国际风筝节、青岛国际帆船周、济南国际泉水节、中国(梁山)水浒文化旅游节等。但就整体来看,山东体育节庆活动仍需加强挖掘与研究。

一、山东体育节庆活动地域分布情况

从地域上看,体育节庆活动遍布全省。经济发达的东部沿海地区以新开发的现代体育节庆为主,西部以传统体育节庆为主,中部为混合型。由于全国各省份积极开发节庆经济,我国节庆产业的规模快速扩展;节庆经济已变成我国社会经济结构的重要一环,为国民经济和社会发展作出了积极贡献。在山东东部沿海地区,由于经济相对繁荣,人造体育节庆明显较多;山东西部内陆地区则以民间民俗体育节日再开发的形式,形成新型传统体育节庆活动。山东体育节庆活动包括民间体育活动和时尚体育活动等类型。其中,以民间民俗体育运动为主题的传统体育节庆占总数的 33.3%,以现代时尚体育运动为主题的现代体育节庆占总数的 20.8%,以民间民俗体育运动为主、现代时尚体育运动为辅的混合型体育节庆活动占总数的 45.8%,这反映了山东体育节庆活动的举办主要依靠当地特有的文体资源。

二、山东体育节庆活动生态化发展条件

举办地的自然条件和社会条件为体育节庆活动的策划提供了最基本的条件或者载体,很多体育节庆活动正是基于当地特殊的自然条件选择主题。例如,泰山国际登山节、青岛国际帆船周、沂水(国际)地下河漂流节等都是依托当地特有的地形、气候、生态环境而举行的体育节庆活动。经济水平为体育节庆活动尤其是旗帜性体育节庆活动举办保驾护航。经济条件、社会条件与自然条件是山东体育节庆活动生态化发展的物质基础和保障。文化资源的群体认同、自然资源的不可替代、交通资源的高效便捷,使山东省的自然与人文资源交相辉映,传统文化与现代文化更是相得益彰,为山东省两区一圈一带(山东半岛蓝色经济区、黄河三角洲高效生态经济区、省会都市圈、鲁南城市带)协同发展体育节庆活动提供了可能。

(一)山东体育节庆活动生态化发展的经济条件

山东不单是体育大省,还是经济强省,GDP 多年稳居全国第三位。山东的国有经济基础好,2021 年,世界 500 强企业有 5 家,全国 500 强企业有 50 家。

文体旅游资源丰富且利于聚集。2019年,山东体育彩票收入201.48亿元,位居全国第二位。各市每年在全民健身、体育旅游经济、休闲体育经济等方面都有充裕的投资。山东体育节庆的经济研发点也较多较广,有山有水有圣人,有佛有道有兵法,有黑(煤炭)有白(白酒、啤酒、葡萄酒)有黄金,还有红色革命老区等。这都为开展绿色生态体育节庆活动奠定了基础。

(二)山东体育节庆活动生态化发展的社会条件

1. 人文资源条件

在人文资源方面,山东省是中国传统文化的发祥地之一,不仅具有大量古文明遗址、先贤故居等历史文化遗迹,而且造就了齐鲁文化、儒家文化、水浒文化、黄河文化、运河文化、海洋文化等多样文化,在世界范围内拥有巨大影响力。而在齐鲁传统体育文化背景孕育下,享誉中外的标志性山东体育文化如以武术为象征的传统竞技体育文化,以孔子体育观念为象征的运动康养文化,以风筝、秧歌为象征的民间民俗体育文化和以热气球节、国际帆船周为象征的现代时尚体育文化更是为体育节庆活动的生态化发展提供了有力保障。

2. 交通资源条件

山东省地处黄河下游,东临渤海、黄海,北接京津冀经济圈,南与长江三角洲毗连。独特的区位条件,使山东省成为沿黄河经济带与环渤海经济区的衔接点、华北地区和华东地区的交接处,在全国经济格局中占有重要地位,已构成了集铁路、公路、水运、航空于一体的立体交通枢纽。京沪铁路、京九铁路、京杭大运河连南接北,胶济铁路、菏兖石铁路承东启西,加强了沿海与内地的联系。利用这一区位交通优势,举办体育节庆活动,可以增强与发达省市的经济、科技合作交流。同时,便利的海上交通和欧亚大陆桥头堡的地缘优势,可以进一步开拓体育节庆活动的国际影响力。交通的便利性较大程度上影响着体育节庆活动的生态化发展。

3. 政策法规条件

早在2003年,山东省人民政府就提出了"生态省"的概念,并印发了《山东生态省建设规划纲要》(鲁政发〔2003〕119号)。2012年1月17日,山东省委省政府又出台了《关于建设生态山东的决定》。《山东生态省建设规划纲要》对法制保障、政策保障等提出了详细要求。2016 年 12 月 25 日,第十二届全国人民代表大会常务委员会第二十五次会议通过《中华人民共和国公共文化服务保障法》,对节庆活动产品供给提出了明确要求。2017 年 4 月 7 日,山东省人民政府制定了《山东省生态环境保护"十三五"规划》(鲁政发〔2017〕10号),对弘扬生态文化提出了具体落实意见。2019 年 11 月 5 日,山东省人民政府印发《关于统筹推进生态环境保护与经济高质量发展的意见》(鲁政发〔2019〕212 号),将生态环保要求融进经济社会发展决策全流程。上述文件的出台对于体育节庆活动生态化具有巨大的推进作用。

(三)山东体育节庆活动生态化发展的自然条件

山东省作为我国旅游资源大省,位处暖温带,拥有鲜明的暖温带动植物区系特征和多样化的生态系统类型。山东拥有 66 种由《中国旅游资源普查规范》认证的旅游资源,且资源规模、水准均为全国领先。山东省独有的节庆资源优势,不仅为体育主题节庆活动的开展提供了场地支持,还增加了体育节庆活动产品的市场竞争力。

三、山东体育节庆活动生态化发展原则

(1)以人为本原则

习近平总书记指出:"人民对美好生活的向往,就是我们的奋斗目标。"坚持以人民为中心,把人民放在心中最高的位置,是新时代科学发展的根本立场。山东体育节庆活动要实现生态化发展就必须遵循以人为本,把人民群众放在心中最高的位置,树立活动为了人民、活动造福人民的新时代理念,通过体育节庆活动的开展,让人民群众有更多的参与感、获得感和幸福感,这是举办体育节庆活动的立足点。以人为本原则强调,山东体育节庆活动生态化发展需要关注照顾当地居民和外地游客的利益,考虑居民和游客的需求与承受能力,在给予居民利益的同时满足游客需求,以提高民众的参与热情;关注山东体育节庆活动的社会效益和环境效益,提升体育节庆生态开发特色、内涵和价值,政府和相关旅游部门要发挥好指导、监督和服务功能,实现体育节庆生态发展的综合效益,

推动山东体育节庆活动生态化发展。

（2）绿色发展原则

绿色是生命的象征,自然界的基色。绿色发展,就是要妥善处理好人与生态共生共荣的问题。习近平总书记指出:"推动形成绿色发展方式和生活方式,是发展观的一场深刻革命。"在"创新、协调、绿色、开放、共享"的新发展理念中,绿色是永续发展的必要条件和人民对美好生活追求的重要体现,是指挥棒、红绿灯。绿色已成为发展的普遍形态。绿色发展原则是体育节庆活动生态化的根本体现,它强调体育节庆活动产业在发展过程中,对生态的影响应当降至最低程度,或其影响应在生态环境的承受能力范围内。体育节庆活动在生态化发展过程中要遵循绿色发展的原则,促进经济资源、文化资源、社会环境和环境资源协调可持续发展。体育节庆活动的生态化研发先要将对生态环境的关怀摆在首位,先决条件是维护生态环境,并将生态环境视为一个有机的整体系统。体育节庆活动的生态化研发要运用全面系统的视角来对待周围的生态环境,要自觉维护生态规律,遵循生态学有关的基础理论。

第四节 齐鲁体育文化

2016年,国务院颁发了《全民健身计划》以及《体育发展"十三五"规划》,提出大力弘扬中华优秀传统体育项目,积极推动中华优秀传统体育文化对外传播,这为地域性和区域性体育文化指出了重要发展方向。齐鲁体育文化作为中国传统体育文化的重要组成部分,是山东省富有地方特色的宝贵财富。齐鲁体育文化传播对于提升齐鲁体育文化的竞争力和促进地区经济社会发展具有一定的参考价值。

一、齐鲁体育文化对外传播的优势

(一) 历史悠久,文化深厚

齐鲁体育文化是地域特色鲜明的文化现象。作为中华文明的重要发源地,早在两千多年前,齐鲁便有百花齐放、百家争鸣的稷下学宫论坛,先秦诸子百家几乎所有学派都将体育中的一些技能作为优秀人才素质的组成部分。蹴鞠运动是现代足球的重要起源形式之一,是古代齐国重要的游戏活动,随后演变成为中国古代重要的军事训练和休闲活动。受中国古代科举考试和重文轻武思想的影响,蹴鞠一直持续到明清之际才逐渐消失;春秋战国时期的临淄不仅盛行蹴鞠、吹竽、技击、击筑等游戏,还盛行赛马游戏,田忌赛马的典故便发生于此。受到传统的儒家文化的影响,齐鲁体育文化表现出注重"礼""义"的体育价值观念。

(二) 地形多样,特色鲜明

从地域角度来看,山东兼有半岛沿海和内陆山地丘陵两种风貌,这为体育旅游和运动休闲活动提供了优势。山东半岛地区海岸线长度超过 3000 千米,包含大小岛屿 300 余个、优良沙滩 1000 余个,日照、青岛、烟台等地大力发展帆船、帆板、冲浪、垂钓等海洋运动。青岛借助 2008 年奥运之风大力建设帆船之都,烟台的海阳秧歌、潍坊的潍县风筝、滨州博兴莲花落皆是富有民俗风情的地域性体育特色运动。泰山是五岳之首,主峰玉皇顶高度超过 1500 米,齐鲁登山活动是极具地方特色的传统民俗活动和历史文化遗产。在现代社会,泰山国际登山节、环泰山徒步节、泰山马拉松比赛、泰山自行车运动比赛在这里举行。临沂是著名的革命老区,红色体育特点鲜明,在群众体育赛事活动中融入红色元素,弘扬沂蒙精神,打造传统经典。

(三) 体育大省,区位优势

现代奥林匹克运动兴起以来,齐鲁地域的体育发展尤为迅速,涌现出郑凤荣、奚爱华、李晓霞、杜丽、张继科、邢慧娜、周璐璐、张成龙、张梦雪、孙一文等优秀运动员,他们是山东体育的对外传播的重要名片。齐鲁有六支职业足球队伍,分别是征战中超联赛的山东鲁能泰山和青岛黄海,征战中乙联赛的青岛中能、青岛红狮、淄博蹴鞠、山东望岳四支队伍,CBA 联赛有山东西王和青岛国信两支篮球队伍,排球、羽毛球、乒乓球等职业体育相对稳定发展,展现出作为体育大省的强势地位。从区位来看,山东处于华东地区,东部与日本、韩国隔海相望,交通条件纵有京沪铁路,横有济青高速,交通便捷,区位优势明显。

二、齐鲁体育文化对外传播的劣势

(一) 儒学伦理, 自身束缚

儒家伦理道德对于齐鲁体育的发展具有重要影响。儒学自春秋时期的孔子创立后, 经过其弟子的不断发展, 形成了完整的儒家伦理道德体系。孟子和荀子将儒学加入完美理想人格和法治思想, 后经过西汉董仲舒的完善, 加入君权神授, 直到宋明之际形成儒学的伦理体系。传统的儒家伦理使齐鲁体育的发展形成了重视等级关系、重视礼节情义的地域特色。儒学中的中庸思想弱化了齐鲁体育的竞技性。以临淄蹴鞠为例, 先秦两汉期间的蹴鞠往往被用于军事训练活动, 至唐宋时期, 蹴鞠成为贵族子弟消遣的游戏, 竞技成分被不断弱化, 反而注重蹴鞠运动的技巧, 这与当前体育发展追求的竞争观念不相符。儒学中的伦理观念和中庸思想, 反而降低了齐鲁体育的吸引力。

(二) 观念保守, 融合困难

山东特殊的地域条件塑造出传统的齐鲁文化。山东过去长期以小农经济为主, 造成了安土重迁、思想保守、宗法观念浓厚的地域性格, 这种传统的山东人性格与当前新时代体育发展非常不相符, 对于齐鲁体育文化对外传播将会造成不利的影响。偏向于保守的性格特点不利于齐鲁体育文化的对外传播, 造成齐鲁体育文化传播速度的降低。

(三) 地区之间体育发展差距较大

体育文化的发展水平往往与经济社会发展密切相关, 社会经济水平发展较高的地区, 其体育文化往往更加繁荣。山东省目前社会经济发展呈现出半岛和内陆地区两种不同的社会经济发展水平, 经济发展水平往往是半岛地区优于内陆地区。以近五年由山东省体育局举办的山东省沿海骑行大奖赛为例, 赛事活动以群众性参与为主, 要打造群众自行车运动品牌赛事。就赛事发展情况而言, 虽然积极鼓励各个地市参与赛事, 不过仍旧有部分地市没有参加赛事活动, 没有参加比赛的大部分是内陆地区的地市, 这反映出当前齐鲁体育文化地域差距较大。以职业足球运动来看, 山东省内的六个职业足球俱乐部, 主要在青岛、济南、淄博、泰安这几个地区, 地域之间发展的非均衡性成为制约齐鲁体育文化发展的重要阻碍因素。

三、齐鲁体育文化对外传播的机遇

(一) 相关政策的出台带来的利好

习近平总书记对山东弘扬优秀传统文化、传承沂蒙精神等红色文化高度重视、饱含期望,多次做出重要指示。总书记的重要指示为山东省的齐鲁体育文化对外传播指明工作方向,带来齐鲁体育文化发展的重要机遇。《山东省乡村振兴战略规划（2018—2022 年）》提出,"充分发挥山东省儒家文化、农耕文化等传统文化底蕴和红色文化基因的优势,创造性转化、创新性发展乡村传统文化,以现代理念、优秀文化引领乡村振兴"。基于此文件的出台,山东将立足于本土优势,深入研究齐鲁地区优秀的体育文化,分析优秀齐鲁体育文化的时代价值和精神蕴意,积极出台关于齐鲁体育文化的工作方案,在当前文化强省、乡村振兴和美丽乡村建设的时代背景下,让齐鲁体育文化焕发出新的活力。

(二) 良好的经济水平维持高水平竞赛成果

在国内经济发展排名中,山东省国民经济发展情况名列前茅,社会经济的良好发展亦能带动齐鲁体育文化事业的发展。2019 年,山东省对"一带一路"沿线国家进出口份额、实际投资和对外承包营业份额均比 2018 年有较大增长,这对于齐鲁体育文化的对外传播是重要机遇。在 2019 年举行的各级各类竞技体育赛事中,来自山东省的 10 名运动员在 9 个项目上获世界冠军。山东的运动员在高水平竞技体育赛事活动中不断取得优异成绩,这对于齐鲁体育发展来说,将起到重要的对外传播作用,他们向外界展示了齐鲁体育发展的时代精神。社会经济良好发展带动齐鲁体育文化的稳定发展,这将会是齐鲁体育文化发展的重要机遇。

四、齐鲁体育文化对外传播的挑战

(一) 其他地域体育文化发展的挑战

齐鲁体育文化作为山东地区的文化,对外传播过程中会受到其他地区体育文化的挑战。在目前的对外传播中,可能面对的同类型地域文化有河北的燕赵体育文化、东北地区的冰雪运动文化、四川的川蜀体育文化、甘肃的陇西体育文化和敦煌体育文化、内蒙古的草原体育文化、山西的三晋体育文化、陕西的关中体育文化、广东的岭南体育文化、湖北的荆楚体育文化、浙江的吴越体育文化、福建的闽南体育文化以及中国南方各地的客家体育文化。这些同类型的体育文化均在目前社会经济发展的大背景下对外传播,无论是在历史深度还是人群受众方面,都不逊于齐鲁体育文化,它们均在自己的地域范围中创造了灿烂的文化遗产,形成了地域特色,这些体育文化的发展与传播都将会是齐鲁体育文化对外传播的重要挑战。

(二)地区一体化带来的竞争

2014年政府工作报告提出京津冀一体化的工作任务,随后京津冀协同发展被提上工作日程;2015年9月,珠三角国家自主创新示范区获国务院批复同意,珠三角地区一体化工作取得明显进展;党的十八大以来,长江三角洲一体化工作取得明显的进展,社会经济的发展取得显著的工作成效;2020年7月,川渝城市群建设取得重要进展。区域一体化将极大地增强地域城市的竞争力,亦将不断提升体育文化发展的积极性,为体育文化的发展提供新的发展空间和发展活力,极大地扩大体育文化对外传播的范围和广度。而就齐鲁地区而言,尚未看到地区一体化相关工作明显进展,国内其他地区的一体化工作将会是齐鲁体育文化对外传播的重要竞争因素。山东要变竞争为机遇,积极创造条件,促进体育文化的对外传播。

五、齐鲁体育文化对外传播的路径

(一)顶层设计,深入发掘传播资源

齐鲁体育文化对外传播是系统工程,要实现齐鲁体育文化对外传播的影响力,需要做好顶层设计工作。针对齐鲁体育文化的存在形式和内容,当前齐鲁体育文化按照时间顺序可以分为齐鲁古代体育文化资源、齐鲁近代体育文化资源和齐鲁现代体育文化资源;按照体育文化资源的存在方式,可以分为齐鲁体育物质文化、齐鲁体育制度文化和齐鲁体育精神文化;按照地域特色,可以分为

孔子文化、黄河文化、滨海文化等形式。应邀请体育学、旅游学、管理学和文化学等方面的专家,制定齐鲁体育文化对外开放的设计方案和工作规划,形成符合当地实际情况的齐鲁体育文化对外发展机制,深入发掘齐鲁体育文化资源,提高齐鲁体育文化对外传播的利用率。

(二)解放思想,积极转变传播方式

我们必须坚持解放思想,实事求是,对于齐鲁文化,取其精华,去其糟粕,推陈出新,古为今用。首先,要实现自身的转变,让齐鲁体育文化走出齐鲁地区,积极实现自身转型。在当前迅速发展的互联网社会,应该积极适应时代发展的脚步,推动齐鲁体育文化实现数字化发展,不断提高齐鲁体育文化对外传播过程中的竞争力。其次,要积极追求进步,适应竞争社会,以体育文化转变精神风貌。要逐步减少齐鲁体育文化对外传播的体制束缚,加快齐鲁体育文化与各个行业的深度融合,积极运用当前人工智能和虚拟现实等技术,实现齐鲁体育文化的智能化发展,扩大齐鲁体育文化对外传播的影响范围。最后,要积极服务于当前社会经济建设,使齐鲁体育文化促进山东各地的经济社会发展,积极增加齐鲁体育文化与外界的接触和交往,以社会经济发展带动齐鲁体育文化对外传播力度,以凝聚齐鲁体育文化对外传播的密切度。

(三)发挥优势,持续助力传播内容

实现齐鲁体育文化的对外传播,需要充分发挥齐鲁体育文化的优势,从古代历史角度发挥儒家文化、孔子文化、齐文化、蹴鞠文化的优势,从地理角度发挥黄河文化、泉城文化、海洋文化、泰山文化、大运河文化的优势,从近代历史角度发挥红色文化、建筑文化的优势,从现代历史角度充分发挥奥运文化、乡村文化、运动文化的优势。要实现上述目标,首先,需要对齐鲁体育历史发展的轨迹做好发掘和整理工作,做好齐鲁地区的体育博物馆建设和发展工作,对齐鲁体育文化进行系统的展示和展现;其次,积极推动乡村振兴工作,做好农民体育振兴工作,对具有民俗性和历史性的齐鲁体育文化进行整理归纳,提升齐鲁体育文化的深度,努力实现齐鲁地区的体育文化均衡发展;最后,丰富齐鲁体育文化的内涵,结合当前社会经济发展阶段和时代精神,做好体育小镇建设,打造品牌赛事,提升齐鲁体育文化的内涵质量。

(四) 面对挑战,增强自身传播能力

要提高对外信息收集的效率,对当前体育文化发展的新热点和新趋势及时掌握,适应当前体育文化发展和传播的时代趋势。首先,要紧跟其他省份的体育强省建设节奏,出台适合山东省的体育强省战略计划,在政策出台方面,及时抢占体育文化发展的制高点;其次,对于了解山东发展的管理学、社会学、经济学和体育学等方面的人才积极引进,以体育科学研究服务体育文化政策方针制定,提高齐鲁体育文化对外传播的竞争力;再次,营造良好的体育文化发展环境,发挥体育文化对外传播的积极性和创造性,鼓励齐鲁体育文化资源的自身成长和发展壮大;最后,建立信息传递的有效渠道,充分让人民群众反映当前齐鲁体育文化传播过程中的问题,积极吸纳各方面的建议,聘请专家论证,对于有效的、有利的、高质量的对策意见提出者给予奖励,增强人民群众与齐鲁体育文化传播工作的联系,不断提升齐鲁体育文化的传播能力。

第五节 建设山东半岛特色文化休闲基地

海洋休闲体育是我国体育事业的一个新兴领域。海上休闲运动是海洋休闲体育的重要组成部分,所以,海上休闲运动的发展将直接影响我国体育事业的发展。自山东半岛蓝色经济区建设发展成为国家构想,山东海洋休闲体育迎来了前所未有的发展机遇。山东作为我国海洋大省,海洋资源丰富,海岸线绵长,为海上休闲运动的发展提供了非常优越的先天条件。借助地理优势和资源优势,海上休闲体育也取得了不错的发展成绩,但相比于其他海洋强省,山东海上休闲运动的发展还存在很多不足,还有很多潜力没有发掘出来。

一、休闲体育的发展更加大众化和生活化

休闲体育的发展趋势势必更加休闲化和娱乐化,同时更好地融入人们的日常生活当中。随着经济的发展、人们生活条件和经济状况的改观,人们对体育运动的渴望将日趋增强。体育运动对人们生活的积极调节作用将进一步表现

出来,而休闲运动符合人们这一体育生活化的要求,其发展方向必然是更加大众化和生活化。休闲体育的发达是其发展的必然方向,国家政策等对体育事业的进一步倡导和支持,将更有利于体育的推广和开展。

二、包括各级民间体育组织在内的体育组织的兴起

从世界范围来看,发达国家有大量的体育组织从事体育事业,这是体育事业发展的必然趋势,休闲体育也不例外。体育旅游和赛事旅游也将进入中国人的家庭。随着经济收支比例的新变革,人们的消费观念必将转变,人们通过观看比赛来休闲的生活必将兴起。此外,体育产业也蓬勃发展起来,如滑冰鞋、运动服等用品的生产。大量的民间体育俱乐部兴起,一方面组织着体育活动,另一方面给体育参与者提供了活动的空间,并收取合适的费用来运营和发展。

三、政府职能部门不断加大投入支持力度

政府职能部门不断加大投入支持力度,坚持将休闲体育作为发展社会事业、改善群众福祉、加快经济发展的重要组成部分。体育运动对人们生活的积极调节作用必将进一步表现出来。蓝色经济区的建设是一个难得的契机,它有机地结合了体育活动和生态环境,并将健身场所和文化因素也加入进来,进行一体化的融合。山东半岛具有显著的地理优势以及独特的休闲体育资本,在此基础上建设山东半岛蓝色经济区休闲体育集群十分有利。

四、大力发展海洋休闲体育产业

第一,应积极推广海洋休闲体育消费理念,培育海钓、滑翔、游艇等具有较大市场发展潜力的海洋休闲体育项目,积极探索走商业化和职业俱乐部的发展道路。第二,以青岛、日照为中心构建全方位、立体化的海洋体育项目体系。青岛应更多地承办具有影响力的国内、国际海洋体育赛事,建设成为国内一流、在国际上有一定影响力的海上体育中心。日照则应充分发挥其水上运动的优势,重点发展沙滩排球、沙滩足球、冲浪、滑翔伞等海上休闲体育活动,形成面向大众的海洋休闲体育产业。第三,在举办和承办海洋体育赛事的过程中,要着力

转变以往主要靠政府财政投入的办赛模式,积极引入市场化运作手段,并努力拓展与体育赛事相关的体育广告、体育经纪等行业,使之形成品牌,激发海洋体育赛事的市场活力。

第九章 | 山东半岛体育文化融入"一带一路"倡议路径研究

　　为落实"一带一路"倡议理念,推进命运共同体基础工程落地实施,加强区域体育文化交流,提升区域体育文化资源开发与创新发展水平,本书提出山东半岛体育文化融入"一带一路"倡议设想,旨在通过创融过程打造新型体育文化交流共享平台,建设"一带一路"倡议背景下的体育文化传播路径。本书运用文献资料法以及逻辑分析法,以山东半岛体育文化发展主题为研究对象,分析探讨山东半岛体育文化融入"一带一路"倡议研究现状、影响因素,结合山东半岛陆上、海上、岛屿三大体育文化类型,有针对性地设计文化包容、文化开放、文化生态发展路径。研究发现,山东半岛体育文化理念传播的地缘互信缺失、体育文化资源生产的要素开发不敷、体育文化产品消费的经济外包梗阻、体育文化企业运营的产权合作弱化。因此,山东半岛体育文化融入"一带一路"倡议路径构建过程中,要综合把控、顶层设计,借鉴先进文化理论知识,在保障人民群众幸福感提升的基础上,推动半岛体育文化"走出去"。

　　文化是由社会实践决定,并随着社会实践的发展而发展的。马克思主义认为,物质生活的生产方式制约着社会生活、政治生活和精神生活过程。物质决定精神,社会存在决定社会意识。在一定的经济基础上,必然要有一定的上层建筑包括意识形态与之相适应。体育文化是现代社会政治、经济、文明交流的催化剂。在当前世界经济大环境欠佳的情况下,国家从长远趋势出发,提出"一带一路"倡议,使之成为多国文化经济互通互融、协同发展的新渠道。如何进一步挖掘文化经济增长的新动能是经济强国建设的重要内容。山东半岛体育文化建设与发展,是在日益复杂的国际国内形势下形成的。探究体育文化促进山东半岛融入"一带一路"倡议的路径,对于山东半岛、中国三大半岛、我国海洋发展以及区域协调发展的落实具有重要的理论价值和现实意义。

山东半岛是我国第一大半岛,2011年国务院正式批复山东半岛蓝色经济区建设,山东半岛城市群借助新形势助力"37°经济带",领跑中国经济。山东省委、省政府在《打造山东半岛蓝色经济区指导意见》中指出,将经济区文化建设作为全省文化大发展经济大繁荣的重要举措,山东半岛蓝色经济区体育文化在促进山东半岛融入"一带一路"倡议中拥有独特的优势。从体育文化入手促进地区与异国经济文明互通互融可为我国区域经济发展提供新思路。

第一节 山东半岛体育文化发展现状

在山东半岛文化相关研究中,学者通过探讨海洋文化产业、城市村落文化遗产、特色文化休闲基地以及区域文化产业竞争力,应用神经网络模型构建海洋文化资源数量、优势、价值模型,以求通过发展半岛文化带动经济价值提升。

在山东半岛体育文化相关研究中,学者将蓝色体育文化表述为在蓝色经济区域内,结合城市间的体育交流与互动,开展的体育活动与发生体育运动现象,并提出为促进山东半岛体育文化的健康有序发展,需要借鉴一体化与协同化的理念观点。

在"一带一路"倡议文化相关研究中,学者通过运用双重差分法、灰色关联度、引力模型,构建了中国文化在拉美国家的传播路径、东北亚周边文化传播路径、图书出版文化传播力模型、地方文化"走出去"实现路径、跨界族群教育发展与互动模型、中国丝绸之路国际文化旅游廊道、对外文化贸易路径、跨境民族文化旅游合作驱动机制模型、跨国并购企业创新绩效评价模型、国际物流供应链关系风险评价模型、国际化人才培养模型、旅游大数据产业创新体系架构、反恐情报融合机制、文化产业国际竞争力比较模型、文化产品出口潜力模型、社会文化情报决策支援路径概念模型、国家出口可持续性动态模型、对外直接投资影响机制、文化产品贸易的演进路径。

在"一带一路"倡议体育文化相关研究中,学者通过研究少数民族体育文化遗产传播在"一带一路"倡议中的价值作用,提出体育文化的保护与传播实现路径;基于"一带一路"倡议背景研究民族传统体育文化的交流价值与壁垒,提出体育文化国际交流的促进策略;分析"一带一路"倡议影响下体育文化的传承与转变,提出适合现代社会发展的调适措施;通过技术方法应用,构建体育文化信息资源数字化保护策略;梳理探寻铁路沿线体育文化资源,构建体育文化遗产资源的廊道开发路径;梳理中国武术文化"走出去"的困境、挑战,分析武术文化"走出去"的机遇、策略。

第二节　山东半岛体育文化融入"一带一路"倡议影响因素

一、半岛体育文化理念传播的地缘互信缺失——均衡互鉴(异质)

由于文化背景与氛围的不同,面对异质体育文化产品,受众会呈现出好奇与排斥双重心理感受。文化理念的过度异质化,会使得受众心理表现出排斥大于好奇,从而会对其理解流于表面,致使文化价值"折扣"存在。一般来讲,异质文化程度越复杂,越会呈现出"折扣"现象。山东是儒家文化圈的核心区域,儒家思想、齐鲁文化博大精深,丰富的非物质文化遗产和极具东方文化韵味的文化产品,在一定程度上属于中国文化的典范与代表,但正由于其文化产品蕴含的博大精深的思想内涵,使其受制于"文化折扣"规律也愈发明显。在异国认知中,山东文化仅仅是一串串包含孔子像、三孔景区、泰山等烦琐表象的符号,文化内涵稍稍复杂就会出现理解误区,这严重阻碍着山东半岛体育文化产品的对外传播。

山东半岛体育文化融入"一带一路"建设,具有先天体育文化资源优势与地缘优势,山东半岛体育文化理念"走出去"时应该尊重"文化折扣"客观规律,确定由近及远、先易后难的区位选择理念。亚洲文化圈在此呈现出重要地位,日本、韩国、港澳台地区、东南亚华人圈等区域对于山东半岛体育文化的需求非常旺盛,是山东半岛体育文化"走出去"的优良踏板。首先,这些国家和地区与山东半岛地理位置相对较近,且同处海洋体育文化圈区域,对齐鲁体育文化有较强认同感和归属感;其次,这些国家和地区体育文化消费水平高,消费能力强,有较大的体育文化市场空间;再次,这些国家和地区的体育文化政策与文化环境比较健康稳定。因此,要将这些国家和地区作为"走出去"的第一步与发展重点。尤其要抓住中韩自贸区以及中国—东盟自由贸易区的建成机遇,争取纵深发展与韩国、东南亚的体育文化产业合作,以"半岛体育文化"的品牌形象推动市场整合,在总结经验的基础上,进一步开拓非洲、拉美以及欧美等地的体育文化市场,增进理解,求同存异。

二、半岛体育文化资源生产的要素开发不敷——共建互联(深度)

在国际文化交流中,山东乃至中国输出的文化仍停留在文化使用层面,仅仅是一般层次的文化交流。除了功夫、丝绸、瓷器、京剧等传统的极具符号意义的文化热点,外国人对于山东文化的理解还停留在相当浅的层面上,对于山东文化产品的"新鲜感"远远大于真正的"兴趣",处于中层的体育文化交流和处于高层的体育思想文化交流明显偏小。山东半岛体育文化思想在对外交流中并无进展,众多体育文化产品依然偏向于浅层次的感官感受,侧重于吸引国外受众一时的新鲜感,并没有深入地向国外受众普及半岛体育文化内涵。反映山东半岛体育文化特质的图书、典籍更是屈指可数,影响阻碍了山东半岛体育文化"走出去"的步伐。

文化资源生产的要素开发不敷主要表现为三个方面。首先,山东半岛体育文化生产要素整合不充分,尚没有形成对生产要素整合经验的推广机制。大部分半岛体育文化企业对文化政策的了解渠道大部分来自电视和网络,缺少对文化财税、文化补贴、文化产业统计、文化人才等政策的全方位解读,导致许多文化政策不能真正进入企业。另外,经营性半岛体育文化企业对自身开发的半岛体育文化资源特殊性、半岛体育文化生产规律、半岛体育文化消费市场等特点缺乏深刻了解,致使他们仅能提供浅层次的半岛体育文化产品,山东半岛体育文化产品供给缺乏特色,产品跟风化、同质化严重。其次,山东半岛体育文化市场在体育文化要素整合中作用发挥欠佳。目前,受版权保护、诚信机制等方面的制约,半岛体育文化要素整合缺少相应的市场管理机制,没有形成版权交易的市场法则,无形资产定价、评估、交易等相对随意,形成诸多潜在的风险。最后,在生产要素整合方面,山东半岛体育文化企业缺少以创意、故事或 IP 整合文化生产要素的意识,体育文化资源的整合能力距北京、上海等文化产业先进省份尚有明显不足。

在"互联网 +"时代,万物互联的本质进一步强化,用户流量、资源平台、半岛体育文化产品、入口渠道越来越多元,呈现"去中心化"趋势。"互联网 +"不仅无视地理空间及经济中心,而且恰恰能最快速缩短和抹平空间距离,其最大的价值表现为机会均等,将企业与企业、企业与用户、用户与用户拉到同一水平线上。因此,要因时因地制宜,具体分析不同国家与区域体育文化消费者的消费特点,量身打造既具有山东半岛体育文化内涵又符合不同体育文化消费者消费心理和消费方式的半岛体育文化产品。精准把握"一带一路"沿线国家体育文化消费者的消费心理和消费方式,成为半岛体育文化产品成功的关键因素。

在大数据应用基础上,要提炼半岛体育文化流行元素和已被接受的体育文化符号,植入半岛体育文化产品,以满足不同地区受众共同的体育文化消费心理。在投放广告、创设新销售渠道时,可以借鉴相关数据,摒弃传统的广告投放模式,做到有针对性、有计划、有预期地投放重点销售区域及有销售潜力的地区。通过努力营造"弯道超越"所需环境和强大的科技服务体系,可为山东半岛体育文化企业发展提供强大的公共技术服务,使之不断追赶甚至超越国内外发达地区体育文化产业,再辅之优惠的体育文化产品价格、独具特色的半岛体育文化品牌,以赢得国内外大量体育文化消费者。

三、半岛体育文化产品消费的经济外包梗阻——普惠互融(开放)

(一) 宣传模式与传播机制的陈旧与禁锢

山东半岛体育文化产品能否进入国际体育文化主流市场,很大程度上取决于宣传模式与传播机制的综合运用,即能否借助国际先进的包装理念、视听符号、流行元素为山东半岛体育文化产品进行宣传与传播,使不同国家的体育文化消费者产生心理共鸣与文化认可。山东曾长时期强调体育文化产业的公共服务,忽视了市场经济背景下的公共服务与产业性,导致半岛体育文化产品严肃有余而活泼不足,与国外消费者的体育文化消费习惯相抵触,难以达到良好的宣传效果。跨文化传播理念和传播机制仍然以政府为主,没有充分动员半岛体育文化企业的积极性和主动性,半岛体育文化产品在不同国家的竞争力也明显偏弱,市场收益低,国际竞争力弱,"走出去"的构想执行仍然处于较为初级的阶段。

山东相关部门与半岛体育文化企业大多对传统媒体广告过分关注。由于资金、企业规模等方面的限制,山东政府部门及半岛体育文化企业无法持续地在"一带一路"沿线国家传统的高端媒体购买大量广告时段投放广告。在接下来半岛文化理念宣传方面,应摒弃盲目追求大平台、大投入但无效的传统宣传模式,坚持"惠而不费""精确投放"的理念,尊重半岛体育文化传播规律,讲技巧、讲策略、讲包装、讲入乡随俗,用国外民众喜闻乐见的方式开展半岛体育文化传播。

(二)半岛体育文化产品结构单一,竞争力低

半岛体育文化产品结构单一与竞争力低主要表现在三个方面。首先,半岛体育文化产品结构不合理。目前,山东半岛体育文化产业所提供的体育文化产品,核心层面的偏少,体育文化制造业偏多。其次,半岛体育文化产品竞争力不强。由于山东半岛体育文化产品创新程度偏弱,导致竞争力也相对偏弱。调查显示,山东文化产品竞争力较强的行业有电视剧制作、文化旅游、图书出版、传媒等行业,但山东半岛体育文化资源设计与建设等方面的高端产品相对较少,竞争力偏弱。另有相当一部分企业从事半岛体育文化产品的加工或为发达区域体育文化产业代工,其体育文化产品不直接面对消费市场,影响了半岛体育文化企业的发展潜力。再次,半岛体育文化产品流通体系不畅。体育文化产品的流通需要特定的体育文化场馆与较好的环境配套。山东半岛体育文化场馆缺失,尚未有针对半岛体育文化产品的场馆规划设计,在体育文化场馆的选址和配套等方面还需进行科学论证,均导致了山东半岛体育文化产品流通能力偏弱,针对特色消费人群的能力偏弱。

四、半岛体育文化企业运营的产权合作弱化——共赢互利(通力)

(一) 高端体育文化品牌与龙头企业缺乏

在国内外体育文化产业激烈竞争的情况下,正如美国品牌协会主席莱利·莱特所言,"拥有市场的唯一办法,就是拥有占市场主要地位的品牌"。山东半岛体育文化正在发展转型期,具有自己的特色和优势,也有明显的不足,必须认清山东半岛体育文化在全国体育文化发展中的地位,走特色发展之路。山东半岛体育文化"走出去"目标的实现离不开体育文化品牌的建设,要想赢得国际市场,就必须重视品牌建设,打造具有较高知名度和较强影响力的半岛体育文化品牌,充分发挥品牌的经济竞争力和文化感召力。近几年,山东半岛在体育文化资源的开发和利用方面取得较大成绩,但由于缺乏品牌效应,体育文化资源优势并未真正转化为产业优势和竞争优势,体育文化品牌不论规模还是影响力均达不到高端体育文化品牌的地位,且品牌经营理念欠缺,大多是从促销层面认识品牌,看中的是短期、直接的营销效果,很少从品牌经营的高度认识品牌的构想意义。同时,半岛体育文化品牌与半岛体育文化企业是相辅相成的关系,知名半岛体育文化品牌培育离不开适度规模,山东半岛至今没有一个享誉国内外的龙头体育文化企业,体育文化企业普遍规模偏小、竞争力弱,不仅无法与世界知名体育文化企业相匹敌,与国内知名体育文化企业也存在较大差距。与其他产业发展规律一样,树立山东半岛体育文化品牌,打造"文化半岛"品牌形象,是山东半岛体育文化产品真正走向世界的必要条件。

(二) 政府责任过载与桥梁纽带作用缺失

山东半岛体育文化"走出去"构想实施,是一个宏大的系统性、综合性文化工程,需要耗费大量的人力、物力和财力。目前来看,政府的义务和责任被过度渲染和加大,导致政府"责任过载",这实质上也是半岛体育文化产业发展普遍存在的弊端。美国、日本、韩国体育文化产业发展的成功经验告诉我们,政府"办"体育文化不是主流,在市场经济条件下具体承担体育文化"走出去"重任的应该是具有自主发展机制和自主能力的企业。半岛体育文化企业作为半岛体育文化输出的主力军与具体承担者,在"走出去"初期尤其需要政府部门法律政策的支持。近几年,山东半岛与"一带一路"沿线国家的体育文化交流虽取得一定的成绩,但在整体布局与宏观统筹方面仅仅处于起步阶段,存在诸多问题。与中亚国家的体育文化交流与合作投入资金偏少,体育文化政策比较零散。体育文化交流缺乏顶层设计和长远谋划,还没有制定富有前瞻性、系统性和全局性的构想,思路和定位不清晰。如果没有相应的政策支持和统筹安排,山东半岛体育文化类企业的生产经营只能以企业自身的利益与视角为依据,无法形成产业合力,很容易陷入"各自为战"的单打独斗局面。

各级政府的作用,应该更多地体现在综合运用政治、经济、法律等多方面政策,加强引导和规范,完善半岛体育文化产业发展规划,推动半岛体育文化产业布局优化、资源整合;将主要注意力和着力点放在完善产业发展规划、用足用活国家政策、引导山东半岛体育文化企业健康发展方面,为山东半岛体育文化产业"走出去"提供稳定、科学的宏观氛围和政策预期。要解决上述问题,山东半岛最为迫切的是提高体育文化企业的经营能力,提高体育文化企业应对市场变化的能力。这就需要充分尊重体育文化企业的市场主体地位,在保证社会效益的基础上,让企业自主经营、自负盈亏。政府对半岛体育文化企业的扶持以间接扶持和间接补贴为主,引导各类市场主体良性竞争,降低半岛体育文化企业对政策的依赖,重视市场机制的自我调节规律,充分发挥半岛体育文化企业的市场主体地位。

第三节　山东半岛体育文化融入"一带一路"倡议目标任务

山东半岛体育文化融入"一带一路"倡议,能够全面促成人民群众对美好生活追求以及幸福感提升的发展进程。我们要牢固借鉴"一带一路"倡议理念精神,把包容、开放、生态作为山东半岛体育文化的发展方针,坚持两手齐抓产出与管理。产出是要求优化体育文化生产要素资源配置,推进体育文化向生态化、包容化、开放化方向创新发展;管理是要求依法严审、运营严管、体验严监督。

在山东半岛体育文化融入"一带一路"倡议过程中,该项任务目标需将开发过程中的各项子体育文化发展目标分配给专项开发团队及文化资源开发商,使得整体目标任务的开发方案在满足技术提升、时序限制等条件的基础上,获取体育文化资源利益开发应用的最大化。山东半岛体育文化融入"一带一路"倡议的总体目标是进一步完善山东半岛体育文化与政治、经济、社会相协调的文化发展新格局,增强体育文化对经济指标的支持与贡献率,不断创新发展体育文化市场产品、完善体育文化公共服务体系,积极策划半岛人民体育文化素质、体育文化生活质量的提升方案,强化半岛体育文化竞争力,更好地满足群众的基本体育文化需求与幸福感获得需要,进而能够带动全省的综合实力提升。主要任务是,逐步探索实践出一条符合中国国情和山东半岛体育文化背景的资源开发监管路径,不断拓宽陆上、海上以及岛屿体育文化发展规模,维护体育文化生态,确保体育文化产出与管理的双优化,全力打造"体育文化惠民、体育产业富民"新标识,进而逐步提升山东半岛的体育文化氛围与居民体育文化素养。若想实现该目标,必须紧密联系山东半岛体育文化发展实际,严秉政策精神,扩大开发力度,全面推进产出能力提升与管理体制完善。产出能力提升主要是提升体育文化生产要素的源头开发能力、体育文化资源开发的风险防控能力、体育文化产品的标准化生产能力以及质量安全监管能力;管理体制完善主要是完善山东半岛体育文化资源开发的监管制度,以及体育文化企业运营管理的工作机制。(宋涛,2014)

第四节　山东半岛体育文化融入"一带一路"倡议路径选择

山东应着眼于体育文化融入"一带一路"倡议的发展途径与模式,分析比较相互优势要素,结合文化包容、文化开放、文化生态、文化创新、文化协调、文化共享六大理论体系,总结归纳并设计出不同体育文化主体下体育文化融入"一带一路"倡议的基本发展路径。

一、文化包容发展路径

文化是人类社会进步的重要载体,具有社会生活发展的特殊性。与发展的特殊性相对的,还有文化的共性。包容,直白地说就是指宽容接纳。包容文化是本体文化敢于接纳文化特殊性要素,并将其融入文化共性的一种可适用于不同国家、不同种类、不同文化背景的具有普遍共识与践行度的价值观念。山东半岛融入"一带一路"倡议,要在基于文化多元化的基础上,探索其共同特性,并促进文化深化与互融发展。

二、文化开放发展路径

发展需要开放,文化发展亦是如此。按照人类发展共同体理念以及"一带一路"倡议,不同国家、种族之间要实现意识深化、理念共识,首先要做到文化的初步发展与实践。只有在文化达成共识的基础上,才能做到壁垒规避与障碍破除,进而实现深层次的交流合作。开放式对自身本体文化的深度自信与肯定,是在承认自身差异与观念缺失的基础上,敢于接纳外来有用文化,以求兼容并蓄、互利共赢。随着当今社会的不断发展与进步,文化越发呈现出多元化、多样化特性,文化之间的相互交流与相互碰撞使得不同背景下的文化发展呈现出交融性,这也正是文化开放的结果。

三、文化生态发展路径

文化是反映社会生活以及经济活动的意识形态,对于社会的政治与经济效用产生巨大价值与积极作用。文化生态是指人类在社会历史生活实践中所生产创造的物质资料与精神财富的状况和环境。特定社会意识形态对应于与之相匹配的社会政策制度和组织机构。人类感受到的美好姿态和生动意态,是人们在社会历史生活实践中取得的精神与物质资源价值的外在显现。

多元化异质文化之间互相依赖、互相反应、互相作用,改变文化任一要素都会一定程度上作用影响于其他要素。文化产生与发展互联协同的自然环境、科学技术、社会制度、经济体制、市场组织、价值观念等因素,构成了文化生态系统模式。文化生态的不可再生性是当前社会维持保护文化传承与创新的重要基石。传统文化的适当性存在能够传承与发展原优秀传统文化,并对其交流合作的发展方式提供物质基础,继而保存了文化意识与内涵的高度主体性。文化生态的维护与补偿是深层次地长期维护与修复文化资源开发、使用、回馈等系统价值的过程。文化生态一旦遭到破坏,将会带来长期甚至不可逆转的危害,因此在文化生态上绝不能搞"先拆毁、后重建"。文化生态应有环保的先行觉悟,也应有相应的治理措施,只有保证原有的文化破坏得到修缮,才能避免污染其他的文化源泉。流传千百年且已融入群众社会实践活动中的项目与物质资源,正是文化生态保护与创新发展的对象。

四、文化创新发展路径

时代改变作用影响着文化价值观念与意识的变化,文化唯有适应当前社会发展特点,不断汲取社会新要素,进行自我更新,才能够常具活力、历久弥新。深度挖掘文化传承中的内涵价值,探索新的文化解读方式,不断加入现代化要素使之适应现代社会,在传播继承基础上求发展,才是文化可持续发展的必要条件。加强不同文化的交流与融合汇通,促进新文化的产生,着手促进推陈出新的过程,是实现文化创新的重要途径和方法。文化的创新也可以从侧面展现出人类思想的创造力,我们对文化的感知不应只停留在当前水平,而应像科技发明创造一样,不断注入新的活力。文化创新促进人们精神发展,使文化时刻保持活力。文化创新需保持理性态度,做到对多种文化兼容开放的同时,处理好中外文化、传统文化和现代文化等的关系,避免文化发展走上极端。

五、文化协调发展路径

文化对外也存在着调节其他要素和资源的功能,可以逐步帮助内外各种要素达到一种和谐状态。人们创造衍生出的各种文化,如社科文化、精神文化、艺术文化、科创文化,都以理性或感性的方式指导着人们的社会生活。多种文化类型互相作用、相互协调,才能够促进文化主体的持续稳步发展。文化协调是以特定文化管理方式作用于多样化文化体系,使体系间的相互关系得到适应社会发展的处理和认识。区域文化协调发展是为促进我国经济社会生活实践发展而提出的一项课题,即需要处理好区域公共文化服务资源要素配置、社会经济增长、区域资源持续发展以及文化产业生产运营之间的关系。协调的文化和文化环境可以营造信息流动更加畅通、市场经济更加有序的环境,使得社会规范得到新的改进与认可,加强人们之间的相互联系与交流沟通,促进和谐社会氛围的稳步达成。

六、文化共享发展路径

随着科技的进步,文化共享已经成为社会文化生活实践的一种基本精神文化需求,凭借社会科学技术教育传播方式的多样化和现代化加强文化建设竞争力,刺激社会经济与文化经济的双重发展,增强综合国力。文化共享无疑是文化传承发展过程中适应信息化潮流发展趋势以及加大文化经济增长幅度的明智且不可或缺的方法手段。文化发展得以共享的条件和基础是国家信息科学技术以及通信技术的现代化。通过对文化资源的数字整合,借助于现代科技信息网络的多重渠道,进行文化生产要素资源与内涵传播与发展,可以实现文化资源的社会共享,减小异质文化特性区域的数字鸿沟,加强各区域的文化协作与交流联系,保障社会生活经济发展落后区域的文化水平和信息技术得到发展。

增进文化交流与对话,才能够加强文化各主体间的交流与合作。文化发展推动着文化资源要素的整合,形成整体优势。改善网络上的文化资源信息浅层现象,进一步抵制异质文化的肆意入侵和渗透,活跃传统优秀文化资源要素,规避抑制落后与不相符文化的作用影响,文化才能实现繁荣发展。通过文化共享,交流融合各种优秀文化资源,摒除异国与异域文化资源上的不平等要素与不符要素,发掘、传播多元文化理念,进一步规避优秀文化发展壁垒,促进文化资源共享公平。

第五节　山东半岛体育文化融入"一带一路"倡议路径设计

本节结合山东半岛体育文化融入"一带一路"发展现状,着重显现出文化理念传播的地缘互信缺失、文化资源生产的要素开发不敷、文化产品消费的经济外包梗阻以及文化企业运营的产权合作弱化,依借六大发展路径理念,联系半岛陆上、海上以及岛屿三大类型体育文化,认为山东半岛体育文化融入"一带一路"倡议应积极采用陆上体育文化的和谐包容发展路径、海上体育文化的创新开放发展路径以及岛屿体育文化的文明生态发展路径。

一、陆上体育文化的和谐包容发展路径

文化,通常被感知为"人类在社会文明创新发展实践中创造的物质与精神的总体价值,反映着人类历史进程中对社会力量与自然界控制管理所达到的目标程度"。随着多元文化的冲击作用,多元文化之间逐步呈现出分化态势。在文化包容发展理念的催生下,重新审视多元文化对社会文明以及科技发展的冲击,能够规避多元文化发展壁垒与隔阂,进而促进文化自我进步与深化。文化的内涵影响作用着文化包容的复杂理念,进而可知,文化包容既是对同质文化系统内部属性的融入与接纳,又包括对外来异质文化系统的吸收、借鉴与涵盖,显现出文化内涵价值的趋同性与多元互融性。文化包容不仅仅是尊重异质文化中不同文化差异的存在,还需有选择地将异质文化引入、融合于本体文化。

山东半岛陆上体育文化的包容性,即面向异国、异质、异类等多种体育文化类型,尊重、认同所存体育文化,快速地融合发展不同体育文化的有效性。陆上体育文化包容,既是群众体育发展所需道德、技术、知识、美学、信仰、艺术、法律、民俗等社会生活能力的综合体现,又是陆上体育文化资源、故事、价值等多重要素的综合作用发挥。"一带一路"倡议视角下,山东半岛陆上体育文化的包容发展要依借于"一带一路"沿线国家不同体育文化的发展理念,结合国家政治文化、社会文化、科技文化、民族文化、语言文化、经济文化等基础条件,规范体育文化自身与其他文化的差异关系,提升异质文化间的尊重度、信任度与包容度,进而填补文化差异漏缝,实现不同体育文化包容平等、合作互通。

本书基于系统性理论对山东半岛陆上体育文化进行和谐包容路径设计,该系统包括体育文化包容支撑子系统与体育文化包容主体子系统。体育文化包容支撑子系统包括体育文化环境、体育文化制度、体育文化设施三个方面。体育文化环境与体育文化制度之间显现出文化自觉性,体育文化制度与体育文化设施之间显现出文化自信性,体育文化设施与体育文化环境之间显现出文化理

解性,三大系统子要素有共同支撑作用于体育文化包容主体子系统。体育文化包容主体子系统包括企业、政府、科研机构与群众,企业与政府之间通过政策制度进行约束互通,政府与科研机构之间通过人才培养实现合作共赢,科研机构与群众之间通过知识传播实现互学互鉴,群众与企业之间通过技术共享实现和谐包容。具体过程如图 9-1 所示。

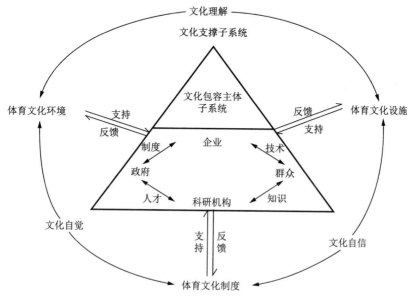

图 9-1　陆上体育文化的和谐包容发展路径

二、海上体育文化的创新开放发展路径

"一带一路"倡议理念要求沿线国家之间打造命运共同体,重点解决国家之间的价值认同,价值认同又需通过文化认同逐步显现。因此,可借助理念精神纽带深化文化价值认同,促进文化的开放与互鉴,继而实现异质文化传播的开放创新。创新海上体育文化"一带一路"倡议发展路径,需借助社会文化交流先行、文化创新开放构想指导,在实施过程中,实现山东半岛海上体育文化社会效益与经济效益双丰收,促进文化交流与开放。要实施海上体育文化创新开放构想,做好项目实施顶层设计,切实构建异质体育文化交流的双边联合工作,强化现存双边联合工作机制,构建多层次、多元化的体育文化合作机制,推动异国与异类体育文化交流融合与深度合作。以创新开放形成融合发展合力,应强

化半岛海上体育文化市场的主体效用,扶持海上体育文化企业与产业机构稳步有效发展。要全面深化山东半岛海上体育文化管理体制改革,完善文化项目审批流程,适当放宽体育文化产业市场准入条件,培训体育文化产业经营中介机构与人才,强化体育文化产品知识产权保护与应用。

　　基于物质能量转换理念对山东半岛海上体育文化进行创新开放路径设计,该物质能量要素主要包括海上体育文化生产要素与海上体育文化国际收支。海上体育文化生产要素主要包括劳动力、技术、信息、土地、环境以及资本。其中土地、环境与资本三大生产要素作用且反作用于海上体育文化需求的支付能力,其支付能力又与消费能力相互作用。海上体育文化国际收支主要包括产品收益、货币转移、产品与服务、产业资本以及产业金融。这些部分共同作用且反作用于海上体育初级产品与服务、海上体育中间产品与服务、海上体育最终产品与服务,其中最终产品与服务又作用于海上体育文化需求的消费能力,海上体育文化需求的消费能力又作用影响着劳动力、技术、信息三大生产要素。发展路径如图9-2所示。

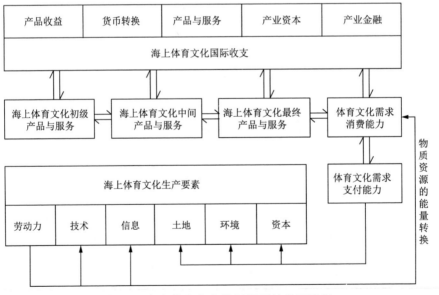

图9-2　海上体育文化的创新开放发展路径

三、岛屿体育文化的文明生态发展路径

要通过借鉴文化生态、文化多样性、文化适应与创新等文化生态学的价值理念,结合岛屿体育文化发展现状,总结岛屿体育文化发展特征,优化分析岛屿体育文化文明生态的发展方法与方式。从文化生态学视角研究探讨岛屿体育文化的发展路径,是将岛屿体育文化资源与环境作为整体进行系统分析,阐述环境对于体育文化资源的作用与反作用过程。文化生态环境,是指岛屿体育文化产生发展的内部小环境以及外部相关联的大环境,是体育文化产生发展的必要作用条件与基础。岛屿体育文化是环境作用影响下的产物,有着各自发展、演变的依赖条件,环境的变化必然带动体育文化的变化。

岛屿体育文化生态系统的稳步良性发展关键在于岛屿体育文化生态平衡。岛屿体育文化生态平衡,主要是指该文化系统通过系统内部的自身调节与恢复,能够保持自身机构与功能不变。基于生态平衡理念对山东半岛岛屿体育文化进行文明生态路径设计时,该路径要素主要包括岛屿体育文化资源拥有、岛屿体育文化资源配置、岛屿体育文化利用维持以及岛屿体育文化转换回馈。四大生态要素相互作用,相互协调,共同维持了该路径的稳定与平衡。发展路径如图9-3所示。

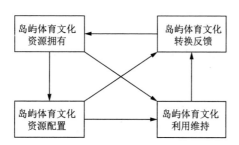

图 9-3　岛屿体育文化的文明生态发展路径

第六节　山东半岛体育文化融入
"一带一路"倡议路径

不同地区、国家间的互通、互融单靠政府行为过于单调、生硬,体育文化是

全世界公认的最自然、最直接、最易接受的交流方式。山东半岛体育文化融入"一带一路"倡议,需要捋顺与其他地区体育文化之间的关系,从体育文化入手实现与国外文化互通,通过体育文化交流消除不同地域之间的隔阂与断层,这是突破融入"一带一路"倡议国家倡议瓶颈的最优手段。

一、加强顶层设计,推动体育文化开放外交

体育系统、文化系统、财政系统等多部门要联动,共同成立山东半岛体育文化促融工作领导小组,构建山东半岛体育文化促融体系,制定优惠政策,激励促进体育文化加快推广,成立体育文化促进山东半岛融入"一带一路"倡议研究中心,制定三年、五年、十年行动计划,促进山东半岛与"一带一路"沿线国家体育文化的相互容纳,进而促进政治、经济、社会的沟通融合。山东半岛是国内高校密集地区,要借助高校的龙头作用,联合企事业单位,成立专业机构或协会,更好地辅助政府设计发展规划、决策重大事项、对进程进行监督,形成政府、高校、企事业单位三方良性互动,打造体育文化交流平台,推进山东半岛融入"一带一路"倡议的实践载体,充分有效地利用现有资源和自身优势,健全长效参与机制,加强基础保障,制定科学的体育文化促融倡议规划,完善相关规章制度和政策设计,鼓励和引导社会力量的广泛参与。

二、深化项目开展,促进体育文化包容互鉴

"一带一路"倡议背景下我国体育文化的传播不仅可以使中国优秀的民族传统文化被更多的国家、人们所认同,同时也可以在传播过程中不断丰富其内涵与价值,从而实现沿线各国间的人文交流与文明互鉴。世界经济发展到文化与产业趋近融合的时期,新文化经济时代已经到来。中国文化金融论坛会议提出文化、科技和金融作为产业发展"三元动力结构"阶段的三个主要动力,从体育文化入手,凭借体育文化提高地区、城市品牌效应,进行差别化竞争,发挥地域优势。山东半岛的海洋文化世界闻名,蓝色经济区体育文化影响力非凡。通过举办"一带一路"倡议主题的体育文化高峰论坛,可对山东半岛体育文化进行更深入的传播,与"一带一路"沿线国家的体育文化进行错位融合,更好地交

流和互补。山东半岛蓝色经济区应创建山东半岛体育文化馆,整合山东半岛体育文化,加大宣传和传播,拓宽渠道,促进山东半岛体育文化与"一带一路"沿线国家的体育文化交流与融合,进一步引领体育文化产业经济的发展与融合。

三、打造产业品牌,创新体育文化生态体验

随着社会和经济的发展,旅游业已成长为世界经济中发展势头最强劲和规模最大的产业之一。世界旅游业理事会曾预计,到 2020 年,全球国际旅游消费收入将达到 2 万亿美元;旅游产业收入将增至 16 万亿美元,相当于全球 GDP 的 10%;所提供工作岗位达 3 亿个,占全球就业总量的 9.2%。在未来,旅游业将成为全球性的第一大产业。山东要打造山东半岛"21 世纪海上丝绸之路"体育文化旅游产业品牌,充分把握与"一带一路"沿线国家的合作,开发山东半岛蓝色经济区体育文化资源,打造新型体育文化旅游区,实现山东半岛文化旅游再突破,丰富游客旅游选择,优化旅游服务管理,提高山东半岛体育文化的吸引力,打造多元化的体验式水上运动特色活动,充分发挥山东半岛三面环海的地理优势,与"一带一路"沿线国家形成资源共享、条件互补的互通式大格局,依托亮点和特色促进有机衔接,紧扣山东半岛蓝色经济区文化特色与经济发展特点,打造国际性特色体育文化旅游产品。

四、构建产业基地,刺激体育文化共赢互利

基于国际经济产业合作的桥梁平台,文化产业将在中国下一轮推进"一带一路"建设中扮演更为积极主动的角色。体育产业是文化产业中的"重工业"。20 世纪 80 年代开始,世界体育产业进入急速发展期,澳大利亚、加拿大、日本、英国、德国、法国和意大利等发达国家的体育产业,总产值约占 GDP 的 1.2%~1.5%。我国体育产业在国内 GDP 中所占比重日益高涨,山东、江苏、福建领先全国其他省区市创建了省级体育产业基地。山东半岛地区拥有独特的自然资源优势,便于集聚体育产业各要素,以海洋体育项目为特色,结合足球等传统项目、风筝等休闲风俗项目,共同打造产业集群,搭乘国家加快体育产业发展的快车,充分发挥山东半岛蓝色经济区优势,全力申报国家级体育产业基

地,促进城市和地区间的政策交流,通过发展体育产业基地深入挖掘山东半岛体育文化潜力,打造"一带一路"倡议背景下集休闲、竞赛、康养等于一体的体育文化产业高地。

山东半岛体育文化与山东半岛蓝色经济区产业联动,是"21世纪海上丝绸之路"的重要元素,要通过体育文化促进山东半岛融入"一带一路"倡议影响分析,提出促融策略和路径,整合山东半岛体育文化资源,做好政策规划、顶层设计,开展文化论坛交流,打造山东半岛体育文化产品,创建山东半岛体育文化高地。经济的发展离不开文化的互动与促进,通过体育文化促融策略和路径分析,要提出"一带一路"倡议推进落实的新动能,把体育文化作为山东半岛融入"一带一路"倡议的加速器,实现"一带一路"倡议背景下山东半岛经济的健康持续迅速发展。

参考文献

[1] 卜安淳. 简论恐怖、恐怖主义与恐怖主义犯罪[J]. 南京大学学报,2009,39(5):89-94.

[2] 蔡世昌. 衡水市运动休闲城市的构建性研究[J]. 当代体育科技,2020(7):196-197.

[3] 陈刚. 基于"一带一路"的体育公共外交研究[J]. 公共外交季刊,2017(2):59.

[4] 陈晓峰. 我国现今体育产业政策分析:存在问题与发展趋势[J]. 北京体育大学学报,2017,40(5):7-15.

[5] 陈月川. 基于大型体育赛事视域下的城市品牌战略研究[D]. 重庆:重庆大学,2013.

[6] 程雪峰. 媒介推力与文化强势:对中国体育话语权缺失的再认识[J]. 中国体育科技,2015,51(5):123-126.

[7] 何传胜,张兆龙,秦尉富,等. 中国—东盟体育文化融合发展现状及对策研究[J]. 西安体育学院学报,2014,31(1):27-30,44.

[8] 姜同仁,张林. "一带一路"与中国体育产业对接发展路径研究[J]. 西安体育学院学报,2017,34(2):129.

[9] 姜同仁. 新常态下安徽省体育产业发展研究[M]. 北京:经济科学出版社,2015.

[10] 李凡. 体育赛事提升城市品牌形象的作用与策略研究[J]. 体育世界(学术版),2019(8):38-43.

[11] 李扬,张晓晶. 论新常态[M]. 北京:人民出版社,2015.

[12] 刘传春,刘宝平. "一带一路"倡议下的中国对外合作机制建设:进展、问题与对策[J]. 西安交通大学学报(社会科学版),2019,39(2):134-141.

[13] 柳伯力,李万来. 体育产业概论[M]. 北京:人民体育出版社,2005.

[14] 马家鑫,王子朴. 区域性国际体育组织及"一带一路"沿线国家和地区体育组织构建[J]. 中国体育科技,2020,56(6):83-90.

[15] 上海艾瑞市场咨询有限公司. 中国电竞商业化研究报告2020年[M].

上海:上海艾瑞市场咨询有限公司专题资料汇编,2020.

[16] 宋涛.我国体育产业资源开发战略思考[J].科技风,2014(11):172.

[17] 隋路.中国体育资源配置效率研究[M].北京:社会科学文献出版社,2011.

[18] 王斌.体育人力资源管理[M].北京:人民体育出版社,2010.

[19] 王德伟.体育人力资源管理[M].北京:人民体育出版社,2011.

[20] 魏铭泽,袁雷.大型体育赛事对城市品牌的促进分析——以奥运会为例[J].体育文化导刊,2019(5):18-22.

[21] 夏正清.体育产业经营管理[M].西安:西安地图出版社,2011.

[22] 谢军.体育产业人力资源培养模式探究[J].经济研究导刊,2014(24):184-185,216.

[23] 杨国庆."十四五"我国竞技体育发展的时代背景与创新路径[J].武汉体育学院学报,2021,55(1):5-12.

[24] 杨明亮,周翔.自贡城市品牌的体育文化定位研究[J].当代体育科技,2015(13):192-193.

[25] 郑丽梅.体育文化产业发展与城市品牌塑造研究[J].合作经济与科技,2018(17):22-24.

[26] 郑祥荣.体育文化与城市品牌促进[J].哈尔滨体育学院学报,2009(6):9-11.